나 는
행 복 한
미 용 사
입 니 다

나는 행복한 미용사입니다

1판 1쇄 인쇄 2021년 6월 10일
1판 1쇄 발행 2021년 6월 17일

지은이 김동하
펴낸곳 도서출판 비엠케이

편집 임유란
디자인 아르떼203
제작 (주)재원프린팅

출판등록 2006년 5월 29일(제313-2006-000117호)
주소 121-841 서울시 마포구 성미산로10길 12 화이트빌 101
전화 (02) 323-4894 **팩스** (070) 4157-4893
이메일 arteahn@naver.com

값은 뒤표지에 있습니다.
ISBN 979-11-89703-29-5 03320

나는
행복한
미용사
입니다

김동하 지음

B∞k
magazine&publishing

행복한 미용사의 의미 있는 도전

미용업계는 기술서적 외에 볼 만한 책이 없다는 말들을 쉽게 들을 수 있습니다. 미용 에세이도 없고, 미용의 역사나 에피소드에 관련된 책도 너무 부족하지요. 미용사라는 매력적인 직업을 많은 사람들에게 알릴 책이 많지 않아 미용업계의 언론인으로서 매우 안타까운 마음이었습니다.

이 책의 추천사를 의뢰를 받고 하루 만에 모두 읽었습니다. 처음에는 대충 몇 장을 보고 내용만 파악하고 추천사를 적으려 했었습니다. 그랬던 것이 페이지를 거듭할수록 점점 더 빠져들어 끝까지 읽게 되더군요.

〈나는 행복한 미용사입니다〉는 미용 현장에서 직접 느낀 내용을 글로 표현한, 미용사가 쓴 유일한 책으로 평가됩니다. 그동안 몇 권의 책이 발간되기도 했었지만, 이 책은 자신의 직업관과 현장에서 직접 겪은 상황을 그대로 보여준 보기 드문 책이라고 생각됩니다. 특히 이 책은 미용을 시작하려는 분들이나 현재 미용을 하고 계시지만 고민에 빠져 있는 분들에게 권하고 싶습니다.

무엇보다도 이 책을 높이 평가하는 점은 미용계의 어두운 부분도 가감 없이 밝히고 앞으로 미용계가 나아가야 할 방향을 제시하고 있다는 점입니다. 또한 미용사라는 직업에 대한 자긍심과 자신만의 노하우를 가감 없이 적어 내려간 것이 더욱 인상적입니다. 책의 저자로서의 새로운 그녀의 도전이 많은 미용인들에게 각오를 다질 수 있는 기회를 줄 수 있을 거라 믿습니다.

뷰티신문 수 대표이사
신연종

한 손에는 가위를, 한 손에는 펜을

　미용은 꾸준히 공부를 해야 하는 직업입니다. 트렌드는 바뀌고, 고객은 까다로워지고, 기술은 복잡해지게 마련이니까요.

　공부의 중요성, 교육의 필요성을 잘 알고 있는 분이 바로 김동하 원장입니다. 저는 존앤섹션아카데미를 운영하면서 많은 미용인들을 접하고 있습니다. 하지만 유독 세미나, 헤어쇼, 등 교육을 위한 자리에서 유독 자주 볼 수 있는 분이 바로 그녀입니다. 그럴 때마다 참 미용 교육 열정이 대단하시다는 것을 느낍니다.

　2016년, 그녀가 밀본마스터클래스 4기로 합격해서 교육을 받았습니다. 교육은 서울에서 이루어지는데, 부산에 사시는 원장님이 은근히 걱정되기도 했습니다. 하지만 5개월 동안 지각도 한 번 하지 않고 교육을 끝마치셨습니다.

매장을 비워놓고 시간을 낸다는 것은 그만큼 교육에 대한 열정, 직원들에게 지식을 전해야 한다는 마음이 크다는 것이지요. 심지어 가장 점수가 높은 분에게 드리는 상품도 정도였으니 후배들의 본보기가 되기에 부족함이 없었습니다. 그렇게 열정적으로 배운 그녀의 노하우를 많은 미용인들에게 전달할 계기가 된 것 같아 이 책의 출간이 더 반갑습니다.

존앤섹션아카데미대표
김정곤

아름다움을 빚는 행복한 손 ✂

 자신의 직업에 즐거움과 행복을 느끼는 사람이 과연 얼마나 될까?

 직업이 있다는 것만으로 행복해야 할 것만 같은 요즘, 이런 의문은 사치일까?

 모든 것이 불안정한 시대에 살고 있는 우리에게 한번쯤 묻고 싶다.

 당신은 지금 행복한 직업을 가지고 있는가?

 우리는 누구나 미래에 대한 불안을 안고 살아가고 있다. 이럴 때 일수록 자신만의 기술, 갈고닦으며 계속 발전시킬 수 있는 기술을 익히는 것이 필요하다.

 그래서 기술을 배우려는 사람들은 늘어나고 있지만, 정작 끈기를 가지고 꾸준히 뜻을 이루는 사람들은 흔치 않다.

 그런 면에서 나는 무척 행복한 사람이 아닐 수 없다. 나만의 기술이 있고, 시대의 흐름에 따라 늘 배울 수 있고, 또 그

것으로 인해 생활의 안정과 보람을 느낄 수 있으니.

나는 한 번도 꿈을 바꾼 적이 없다. 오로지 미용사라는 직업을 목표로 가지고 살아왔다.

수많은 사람들과 인연을 맺을 수 있는 것이 미용이라는 직업의 가장 큰 매력이 아닐까. 누군가를 아름답게 만들어주는 일, 그렇게 마음을 나누는 일, 동료들과 함께 일하며 공부하며 살아가는 일. 그런 면에서 나는 미용사라는 직업이 최고의 직업임을 자부할 수 있다.

나 역시 수많은 시행착오를 겪었다. 그러면서 스트레스를 받기보다는 그 자체를 즐기는 법을 알게 되었고, 한층 더 커지는 나 자신을 느낄 수 있었다.

나와 같은 길을 가면서, 출발점에 서 있거나 과도기에 있는 후배들에게 응원을 해주고자 이 글들을 써나갔다. 조금만 힘내라고, 곧 웃을 날이 가까워졌다고. 그러기 위해서는 몇 가지 마음가짐이 필요하다.

첫 번째는 자신의 가치를 높여라. 미용사는 영업사원이 아니다. 기술자이다. 그러므로 자신의 기술이 자신의 가치이다. 늘 관심을 가지고 공부하고 견문을 넓혀야 한다. 가장 유행에 민감해야 하며, 도전을 두려워하지 말고, 과감히 새로운 것에 덤벼들어야 한다.

두 번째는 객단가를 높여라. 이것은 다양한 경험과 기술에 대한 노하우를 많이 축척하면 자연스레 따라오게 되는 어드밴티지다.

세 번째는 반드시 예약제로 운영하다. 예약제가 자리 잡기까지는 대략 3년에서 4년 정도 시간이 걸린다. 미용은 특히나 고객과의 약속과 시술 시간이 아주 중요하다. 당장은 워크인 손님을 받을 수 없다는 단점이 있겠지만 자리를 잡게 되면 고객도 미용사도 마음의 여유를 가질 수 있어서 신뢰는 물론 만족도까지 높아진다.

　나의 가치를 높이고 객단가를 올리고 예약제로 운영을 하는 데까지 나 또한 노력을 많이 해 왔다. 탄탄대로만 걸어왔던 것은 아니다. 시행착오와 난관이 많았지만 그것들 또한 지금의 나를 만들어준 소중한 밑거름이다.

　나보다도 더 실력이 있고 유명한 미용인들이 많다는 것은 물론 알고 있다. 하지만 이 직업에 대한 만족도나 행복 지수는 내가 단연코 대한민국 1등이라고 자부한다. 인생을 다듬는 행복한 가위질, 나는 언제까지나 이 일과 함께 하고 싶다.

　　　　　　　　　　　　　　　　　미용사 김동하

차례

추천사   행복한 미용사의 의미 있는 도전 4
          한 손에는 가위를, 한 손에는 펜을 6
서문   아름다움을 빚는 행복한 손 8

1장
고객은 왜 내 마음 같지 않을까?

고객은 어떤 서비스를 원할까? 17
고객 서비스는 누구에게나 어려운 일이다 24
고객을 대하는 것도 실력이다 35
고객이 지금 원하는 것은? 40
친절이 서비스의 전부는 아니다 44

2장
미용실의 첫 번째 고객은 직원이다

직원이 행복해야 고객도 행복하다 55
개인기보다 팀워크가 중요하다 60
고객 없이는 내일도 없다 68
나는 누구와 함께 가고 있는가? 75
직원들에게 CS가 필요하다 82
직원의 가치가 매장의 가치이다 87
직원이 웃어야 고객도 웃는다 94
미용실의 첫 번째 고객은 직원이다 100

3장
출근하고
싶은 매장을
만들어라

자신의 장점을 활용할 수 있는 문화 만들기 109
강한 동기와 열정이 생기게 하라 116
직원에게 역할과 책임을 주어라 124
가치 있는 일을 하고 있다고 느끼게 하라 131
원장이 솔선수범하는 모습 보이기 138
스스로 매장에서 필요한 사람이라고 느끼게 하라 144
출근하고 싶은 매장을 만들어라 150

4장
신규고객을
충성고객으로
만드는 기술

진심을 넘어 고객의 마음을 감동시켜라 157
고객과 연애하듯 상담하라 162
품격 있는 서비스를 하라 168
고객이 찾아오게 하는 기술 175
편지 한 통이 고객의 마음을 움직이다 181
고객과의 선긋기, 이 정도면 딱 좋아 186

5장
나는 행복한
미용사
입니다

장인이 되는 법 195
나의 미용 이야기 200
행복하고 싶다면 지금 이 순간에 집중하라 205
나는 행복한 미용사입니다 209

• 책을 마무리하며 218

1장
고객은 왜
내 마음 같지
않 을 까 ?

고객을 고객이라고 생각하
지 않고 나라고 생각할 때 나
의 행동과 말투가 달라질 것이
다. 내가 대접 받고 싶으면 상
대방을 먼저 대접하라.

고객은 어떤 서비스를 원할까?

고객 서비스는 매우 중요하다.
자수성가한 사람들은 모두 고객에게 헌신한다.
이들은 항상 고객을 생각하고 그들에게 서비스하기 위해 새롭고
나은 방법을 찾기 위해 노력했다.

브라이언 트레시

서비스란 무엇일까?

'서비스'라는 단어를 들으면 친절, 인사, 미소, 안내 등 다양한 것들이 떠오를 것이다. 상황에 따라, 상태에 따라 고객이 원하는 서비스는 천차만별이다.

취향이 각기 다른 고객에게 일률적인 서비스를 하는 매장들은 오래가지 못하거나 고객들의 외면을 받기 십상이다.

직원들 중 서비스가 무엇인지 생각해본 직원이 얼마나 될까? 친절이든 인사든 미소든 공짜 선물이든 고객이 원하는 서비스가 무엇일까를 고민해본 적이 있을까? 내가 몸담고 있는 직장에, 내가 좋아 하는 일을 하고 있는 공간에서 고객에게 어떤 서비스를 전달하면 고객이 좋아 할까를 생각해

볼 필요가 있다.

올바른 인사, 정중한 자세, 친절한 미소 등은 말 그대로 매뉴얼일 뿐이다. 매뉴얼은 어떤 곳이든 필요한 안내서이지만, 항상 매뉴얼대로 행동하는 것은 아주 위험하다.

매뉴얼은 가장 기본으로 가지고 있어야 할 '지식'이고, 고객 니즈에 맞춰 융통성 있는 서비스를 '행동'으로 보여주어야 한다.

고객이 진짜 원하는 서비스를 생각하지 않고, 서비스 매뉴얼에 갇혀 감정 없는 서비스를 하는 것은 고객의 발길을 돌리게 하는 지름길이다.

한번은 이런 일이 있었다.

우리 매장에 성격이 활달하고 항상 밝은 표정으로 매출도 잘 올리는 직원이 있었다.

한 고객이 시술을 마치고 머리카락이 너무 상했다고 불만스러워했다. 하지만 정작 고객이 화가 난 이유는 따로 있었다. 고객의 불만에 시종일관 미소 띤 표정으로 응대하고 있는 직원 때문이었다. 불난 집에 기름을 붓는 격이었던 것이다. 그 직원의 웃는 얼굴이 평소에는 친절한 서비스가 될 수 있지만 그 상황에서는 독이 될 수밖에.

고객이 무엇을 원하는지 생각하지 않고 일률적인 미소로만 응대한다면 불친절과 다를 바 없다. 고객이 항의를 해온 상태에서는 안타깝고 죄송한 마음을 표현해 주는 것이 고객이 진정 원하는 서비스일 것이다.

나도 누군가의 서비스를 받는 고객이다

당신은 서비스를 하는 직원이기도 하면서, 어디에선가는 서비스를 받는 고객이 되기도 한다.

카페든 네일샵이든 백화점이든 한 번쯤 서비스에 화가 나거나 답답해한 적이 있을 것이다. 서비스하는 사람이 말귀를 못 알아듣거나, 직원이 불친절했다거나 하는 등의 이유로 마음이 상했었던 적이 있을 것이다. 서비스를 받을 때는 당연히 지불한 비용만큼의 대우를 받고 싶은 게 고객의 입장이다.

누구도 대가 없는 비용을 지불하지 않는다. 고객 서비스가 어렵다고 느낄 때, 내가 받고 싶었던 서비스를 고객에게 그대로 해주면 된다. 진정한 서비스는 고객 입장에서 충분히 생각하고 고객의 편의를 위한 모든 것이 포함되어야 한다.

나 역시 전국의 유명한 미용실을 찾아다니며 헤어 시술

을 받아본 경험이 있다.

내 기술을 업그레이드시킬 시기가 되었다고 느끼면, 입소문이 나거나 TV에 나와 유명세를 떨치는 원장들의 기술을 배우러 다녔다.

2014년으로 기억이 된다. 온라인 마케팅이 한창 붐을 일으킬 때였다. 전국의 맛집을 돌아다니면서 카카오 스토리나 카페, 블로그에 자기의 일상을 올리는 것이 하나의 트렌드로 자리 잡고 있었다.

나는 미용실을 운영하고 있다 보니 SNS 친구들이 대부분 미용실 원장들로 이루어져 있었다. 그러던 중 대구의 한 미용실 원장이 커트를 잘한다는 소문이 들려왔다. 크지도 않은 매장에서 매출을 많이 올리고 있다고 입소문이 자자했다.

나는 당장 그 미용실에 예약을 했다. 그 사람의 커트 기술과 매장의 서비스가 몹시 궁금해 견딜 수가 없었다.

커트 가격은 28,000원 정도로 기억된다. 그 당시 일반 미용실의 여성 커트 가격은 18,000원 정도였다. 크게 높은 요금은 아니었다.

설레는 마음으로 찾아간 미용실은 생각보다 규모가 작아 보였다. 나는 내 자신이 미용사로 보이지 않으려고 무척 애를 썼다.

매장에 들어서는 순간, 한 직원이 큰소리로 인사했다.

"환영합니다. ○○샵입니다!"

뒤따라 여러 명의 직원들이 큰소리로 똑같이 따라했다. 그 순간의 활기가 너무나 인상적이어서 덩달아 기분이 좋아졌다.

내 차례가 되었다. 나는 그 원장에게 내가 원하는 스타일을 설명하고 시술에 들어갔다. 나는 거울을 통해 그의 손놀림을 유심히 지켜보았다. 그때, 무언가 이상한 기분을 느꼈는지 그가 말을 걸어 왔다.

"혹시 미용 계통의 일을 하세요?"

"아니요."

시치미를 뗐지만 그는 그 이후부터 부쩍 신경이 쓰여 하는 눈치였다. 나는 사실을 털어놓았다. 부산에서 미용실을 하고 있고, 당신의 소문을 듣고 한수 배우러 왔다고. 그제야 그는 한결 편안해진 표정이 되었다.

"저보다 경력이 많으실 것 같은데 무슨 말씀이세요."

시술하는 동안 이런저런 이야기하면서 서로의 노하우를 공유하고 돌아온 적이 있다.

내가 그 매장에서 받은 서비스 중 가장 마음에 들었던 것은 '인사'였다. 사람과 사람이 닿을 정도로 공간이 좁았다.

내가 미용실 원장인 것에 부담을 느껴서인지, 그 유명 원장은 많은 스킬을 사용하지 않고 평범한 미용사의 모습을 보여주었다. 가격 대비 기술은 평범해 보였다.

기술이 없는 서비스는 무의미하다

미용실에서 고객을 가장 만족시켜야 할 부분은 바로 '기술'이다. 기술은 서비스가 될 수 없다. 기술은 가격으로 승부하는 것이 아니다. 커트가 제일 기본이자 우선이 되어야 하고, 다음으로는 펌이나 컬러 시술이다. 고객 하나 하나의 스타일에 맞는 기술을 갖추고 있어야 한다. 그래야 미용실이, 그 미용사가 고객의 기억에 오래 남는다.

내가 일부러 찾아갔던 대구의 미용실도 기술면에는 나를 만족시키지 못했다.

유명하다고, 머리를 잘한다고 알려진 미용실을 방문해 보면 '에게? 이게 다야?' 실망하는 경우가 많다. 블로그나 각종 방송 프로그램에 맛집으로 평가받는 곳을 일부러 찾아갔는데 맛이 없어 허탈했던 경우와 같다.

실제로 여러 매체에 모습을 드러내는 미용사들보다 조용히 자신의 일에 열중하는 미용사들의 기술이 훨씬 좋은 경우가 많다. SNS를 통해 유명세를 타는 사람들은 보여주기식의 기술이 많다. 기술이 좋아서 유명세를 탄다기보다는 퍼포먼스를 마케팅으로 이용하는 경우들이 많기 때문이다.

남성 커트만 하는 남포동의 한 원장은 클리퍼를 사용하지 않고 오로지 가위로만 커트 한다고 소문이 났다. 고객들은 그 원장에게 커트를 받으려고 1시간을 기꺼이 기다린다. 다른 서비스는 없다. 음료도 셀프다. 심지어 바닥에 떨어진 머리카락도 고객이 직접 치울 때도 있다. 순전히 커트가 마음에 들어서 오는 고객들이다. 그들의 니즈를 정확히 충족시켜주기 때문에 고객들은 여러 가지 불편을 감수하는 것이다.

미용실은 고객을 멋지고 예쁘게 만들어주는 곳이다. 그것이 충족되지 않고 서비스를 논하는 것은 의미가 없다.

고객 서비스는 누구에게나 어려운 일이다

친절한 마음은 이 세상의 가장 강력한 힘이다.

C.F.돌

미용실의 5가지 서비스

미용실에서 가장 기본적으로 갖춰야 할 5가지의 서비스가 있다.

첫 번째, 청각 서비스이다.

인사하는 목소리만 듣고도 진심으로 반기는 인사인지, 형식적으로 하는 인사인지 고객은 금방 눈치를 챈다. 그 목소리에 따라 시술 결과에 대한 고객의 만족도가 달라진다. 신규고객이라면 더더욱 신경 써야 할 부분이다.

두 번째, 후각 서비스이다.

미용실은 화학제품을 사용하는 곳이기 때문에 매장 환기에 각별히 신경 써야 한다. 환기가 제대로 되지 않은 매장은 미용실 특유의 냄새로 인해 고객들의 미간을 찌푸리게 만든다. 직원들은 익숙해져서 느끼지 못할 수 있지만 고객들은 다르다. 들어서자마자 머리가 지끈거리는 매장에서 어떻게 오랜 시간 시술을 받을 수 있을까. 매장의 환기는 물론이고 환풍 시설에 특히 관심을 기울여야 한다.

세 번째, 시각 서비스이다.

고객은 매장이 청결한지, 인테리어는 괜찮은지, 직원들의 표정이 좋은지, 의상은 괜찮은지 눈으로 그 매장을 평가한다. 고객의 입장에서 가장 크게 영향을 받는 부분이므로 꼼꼼한 체크는 필수다.

네 번째, 미각 서비스이다.

매장에서 간단한 간식이나 음료를 서비스를 하게 되는데, 각 매장마다 제공하는 간식과 음료는 다양하다. 맛집이 아니니 맛에 포인트를 둔다기보다는 다양한 메뉴를 구성하거나 성의 있어 보이게 제공하는 것이 좋다.

다섯 번째, 미용사와 고객 간의 소통이다.

고객은 미용사가 조금 마음에 안 들어도 매장의 이미지가 좋아서 방문하기도 하고, 매장은 별로인데 미용사가 마음에 들어서 방문하는 경우도 있다. 매장과 미용사가 둘 다 마음에 든다면 금상첨화겠지만 간혹 그렇지 않은 경우가 있다.

미용사의 스타일은 고객의 판단에 무척 중요한 부분을 차지한다. 옷 입는 센스와 헤어스타일에서 미용사의 감각을 느낄 수 있기 때문에 결코 소홀히 해서는 안 된다.

고객은 자신이 원하는 스타일을 최대한 자세히 미용사와 소통해야 한다. 소통의 오류를 예방하려면, 미용사는 고객에게 많은 질문을 하면서 니즈를 정확히 파악해야 한다. 고객과 소통이 잘 되면, 자연스레 고객이 원하는 스타일을 만들어줄 수 있다. 고객은 기쁜 마음으로 스타일에 비용을 지불하게 되고 그것이 재방문으로 연결된다.

눈높이 소통

1인 예약제 미용실의 예를 들어보자.

요즘은 1인 미용실이 많이 늘어나고 있다. 1인 예약제 미용실을 운영하려면 혼자서 모든 서비스를 소화해야 한다.

1인 미용실을 방문하는 고객들 대부분은 조용한 것을 좋아하는 성향들이 많다. 조용한 음악을 좋아하고, 안정된 분위기를 원하는 경우가 많다. 이런 고객들을 시술할 때는 아주 조심스럽게 해야 한다. 빗질 하나부터 가위 소리, 물 소리, 두피에 닿는 촉감까지도 체크해야 한다.

이야기하는 것을 싫어하는 고객도 있다. 필요한 상담이 끝나면 시술이 마칠 때까지 눈을 감고 있는 고객들도 많다.

반면, 어떤 고객은 이야기를 들어주기를 바라기도 한다. 쌓아놓은 스트레스를 이야기를 통해 풀려고 오는 고객들에게는 적절한 리액션은 필수다.

이런 다양한 고객들의 서비스를 맞추는 건 결코 쉬운 건 아니지만, 고객의 눈높이에서 공감대를 형성하면서 소통한다면 고객의 만족도를 높일 뿐 아니라 매출에도 긍정적인 영향을 미칠 수 있다.

나는 미용사 일을 30년 넘게 하고 있다. 내 나이를 생각하지 않고 일만 하며 달려왔다. 내 마음가짐은 아직도 서른 살에 머물러 있다. 다양한 고객들과 소통하려면 본인의 나이는 잊어야 한다. 내가 나이를 인식했다면 그 다양한 고객층과 소통할 수 있었을까? 어린 아이, 10대, 20대, 30대, 40대, 장년층까지 남녀노소 다양한 고객들이 나를 찾아온다.

어린 아이를 대할 때는 나도 어린 아이가 된다. 아이가 울기라도 하면 아이들이 좋아하는 장난감 이름이나 만화, 유행하는 유튜브 채널 이야기를 하면 울음을 뚝 그친다.

요즘 10대들은 무척 예민하다. 말을 잘 안 하려고 하는 경우가 많아서 마음을 열 수 있는 이야기로 소통한다. 요즘 유행하는 아이템, 친구관계, 게임, 대학진학 등 관심 있는 분야에 대해 말을 꺼내면 어느새 마음의 문을 연다.

20대 초반의 고객들은 대학 생활에 대한 것, 군대, 전공, 취업 등의 이야기를 함께 나눈다.

20대 후반 고객들은 직장 생활, 연애상담 등으로, 30대는 결혼 이야기를, 40대는 자녀 문제나 배우자에 대한 스트레스 등으로, 50대는 자녀의 취업문제나 취미생활에 관한 이야기 등으로 소통을 한다. 고객에 맞게 서비스를 해주고 함께 소통하면 고객은 나를 기억하고 다시 찾는다.

하지만 모든 고객과의 소통을 성공할 수 있다면 얼마나 좋을까. 고객들은 다양한 성향을 가지고 있어서 말이 통하는 듯하면서도 아닌 경우도 있다. 사람을 상대하는 일이란 참으로 까다롭고 어렵다.

가격할인은 가치할인과 다르지 않다

나는 100% 예약제 시술을 하고 있다. 나에게 시간당 10만 원이라는 비싼 비용을 지불하는 고객들이기 때문에 시술 결과에 대한 만족은 말할 것도 없고, 비용만큼 대접을 해줘야 한다.

어느 날, 고객들을 대상으로 설문조사를 한 적이 있다.

고객님이 가장 받고 싶은 서비스는 무엇인가요?

　1. 제품증정

　2. 가격할인 이벤트

　3. 포인트 적립

　4. 생일쿠폰

　대다수의 고객들이 가격할인을 원한다고 답을 했다. 하지만 가격할인이 들어가면 단가에 맞는 제품을 써야 하고, 그렇게 되면 고객들은 불만이 생기는 것은 당연한 결과이다. 가격은 상품의 가치에 대한 대가이다. 적은 돈을 받고 좋은 제품을 써 줄 수 있다면 얼마나 좋을까.

　나는 고객들에게 최고의 제품만을 사용해서 시술해준다. 처음 방문한 고객들은 비싼 가격에 망설인다. 나는 가격이 비싼 이유와 그 가격의 시술 받게 되면 모발이 얼마나 건강해지는지 설명한다.

　"그렇게 치면 시술 비용이 많이 비싼 건 아니네요."

　대부분의 고객들은 고개를 끄덕이지만, 비싸다는 이유로 발걸음을 돌리는 고객들도 있다. 하지만 그들 중 다른 매장에서 1,2만 원 싼 가격의 시술을 받고 나서 머릿결이 상해서 돌아온 고객들이 한두 명이 아니다. 이렇게 되면 가격은 더 비싸질 수밖에 없다. 비싸도 고객은 상한 머리카락 시술을 맡길 수밖에 없다. 가격이 비싸긴 하지만 이것 또한 고객의 입장에서 측정된 가격이다. 모발에 최대한 손상을 주지 않는 방법이기 때문이다.

가격으로 서로 경쟁하는 매장들이 많다. 서로 더 싼 가격으로 고객들의 마음을 흔들지만 이것은 고객한테나 미용사한테나 도움이 되지 않는다. 고객은 그만큼 가치가 떨어진 시술을 받게 될 것이고, 미용사는 불만스러워하는 고객들로 인해 자존감이 떨어진다. 이것은 어떻게 보면 오너가 직원에게 앵벌이를 시키는 격이다.

가격과 만족은 비례한다

20평이 넘는 규모의 미용실 매장들은 가격표를 외부에 비치해야 한다. 고객들이 가격을 한눈에 알아 볼 수 있어야 하기 때문이다.

물가가 상승하고 국민소비가 증가하는 것에 비해 미용실의 시술 가격은 크게 높아지지 않았다. 자장면 값을 생각해보자. 내 기억으로는 30년 전쯤 가격이 800원이었다. 지금은 보통이 5천 원, 곱빼기가 6천 원 정도이다. 한 끼 식사에 대략 5천 원이다.

미용실 요금은 어떤가? 일반 남자 커트요금이 1만5천 원이라고 가정했을 때, 한 달에 한 번 커트 하는 사람도 있을 것이고, 두세 달에 한 번 자르는 사람도 있을 것이다. 커트를 매일 하는 사람은 없다. 어쩌다 한 번 들어가는 비용이니 최소 5만 원을 받아도 문제가 되지 않는다. 여성들의 경우는 긴 머리를 보통 1년에 2번 펌을 한다고 가정했을 때, 6개월에 1번 하는 펌을 얼마를 받아야 할까? 나는 30만 원에서 40만 원은 받아야 한다고 생각하는 사람이고, 실제로 그렇게 받고 있다.

미용실에서 요금을 정할 때는 점포의 임대료나 인건비, 시장성 등을 고려해서 정하게 된다. 거기에 원장들이 시술하는 가격은 미용사보다 높게 책정되고, 또 어떤 시술제품을 쓰느냐에 따라 달라진다.

미용실마다 요금은 천차만별이다. 기장별, 스타일별, 미용사별, 관리자별 요금도 다양하다. 기술이 아닌 가격으로 경쟁하려고 하다 보니 고객들의 스타일은 생각하지 않고 싼 가격을 내세워 홍보하기도 한다. 이런 식의 경영은 미용 시장을 후퇴시킨다. 물론 요금이 싸면 고객은 몰릴 것이다. 그 가격으로 고객을 얼마만큼 만족시킬 수 있을까? 가격과 만족은 비례한다.

2만 원짜리 스타일은 고객이 집에서 스스로 따로 손질을 해야 한다. 드라이를 하든 롤을 말든 손이 여러 번 가야 하는 스타일이다.

매장 입구에 써놓은 요금표를 보고 들어갔다가 기본 가격보다 더 비싸게 주고 했는데 마음에 안 들어 하는 고객들을 종종 본다. 2만 원이라고 적혀 있어서 들어갔는데 계산은 5만 원을 했다며 불평하는 고객들이 많다. 펌은 2만 원이고, 커트요금 따로, 클리닉 요금 따로 계산하다 보니 5,6만 원이 계산된 것이다.

고객들은 보통 검색을 통해서 미용실을 방문한다. 가장 처음으로 알아보는 것이 요금일 것이다. 고객들은 싸면서 기술이 좋은 미용실을 원할 것이다. 그렇다고 해서 미끼 형식으로 현실적으로 맞지 않는 요금을 내거는 것은 잘못된 마케팅이다.

요즘은 상담을 통해서 미리 요금을 이야기하고, 고객과 협의가 이루어졌을 때 시술이 들어가기 때문에 미끼 전략은 통하지 않는다. 한 번 발걸음을 돌린 고객은 다시 그 미용실에 찾아가지 않게 마련이다.

고객 역시 미용실의 요금에 대해 조금은 융통성을 갖는

것이 좋다. 미용 요금은 스타일에 대한 가치에 지불하는 금액이다. 투자하는 만큼 자신의 가치와 품위가 올라간다고 생각해야 한다. 모질의 상태에 따라 해야 하는 시술이 다르기 때문에 가격이 변동할 수 있다는 것을 감안해야 한다. 미용사가 스타일을 재대로 해주고, 해준 만큼의 가격을 받는다면 고객은 가격에 대해 신뢰를 할 것이다.

진심은 통하게 마련이다

20년 전의 일이다. 내가 운영하던 40평 대의 미용실은 나름 큰 매장에 속했다. 거기에 아이들 놀이방까지 갖춰진 매장은 드물었다. 요즘은 자녀들이 첫돌만 지나도 어린이집을 보내지만 그때만 해도 5살 정도는 되어야 유치원을 보낼 수 있었다.

보통의 미용실들은 2층에 위치하고 있다. 그 당시는 높은 건물들이 많이 없었기에 엘리베이터가 있는 상가도 흔치 않았다. 일반 사람들은 2층에 올라오는 것이 문제가 되지 않지만, 몸이 불편하거나 휠체어를 이용하는 고객들에게 2층 계단을 오르는 것은 여간 불편한 일이 아니었다. 그래서 고민 끝에 1층 입구에 벨을 설치했다.

〈벨을 누르세요〉

벨이 울리면 직원들이 내려가 몸이 불편한 고객들을 부축하거나 휠체어를 들어서 옮겨주었다. 고객은 고마워서 어찌할 줄 몰라 했다. 그뿐만이 아니다. 고객 중에 몸이 불편하거나 고령인 경우, 직접 집으로 방문해서 서비스를 해주기도 했다. 사소하지만 고객의 불편함을 덜어주기 위한 나의 진심 어린 마음이었다.

고객을 대하는 것도 실력이다

생각을 조심해라. 말이 된다. 말을 조심해라. 행동이 된다.
행동을 조심해라. 습관이 된다. 습관을 조심해라. 운명이 된다.
우리는 생각하는 대로 산다.

마가렛 대처

뿌리 없는 꽃은 없다

벚꽃이 피는 봄이 되면 움츠렸던 몸과 마음이 활기가 생긴다. 하지만 봄은 우리의 두피에는 반갑지 않은 변화가 생기는 시기다. 두피가 가렵고, 머리카락이 전보다 부쩍 더 빠지는 현상들이 나타난다.

탈모로 고민하는 고객들이 갈수록 늘고 있다. 그래서 봄이 되면 두피 혈을 풀면서 힐링을 할 수 있는 '헤드스파'고객이 많아진다. 헤드스파 시술은 지친 심신을 달래주고 편안함과 시원함을 전달해주는 시술이다. 가끔 코를 골며 잠을 자는 고객들도 있다. 헤드스파는 피로가 싹 풀리는 시술이다. 생각만 해도 시원하고 기분 좋아진다.

헤드스파 계절이 오면 스태프들이 바빠진다. 헤드스파

는 스태프들의 활동이 많이 필요한 시술이다. 그래서 스태프들의 역할이 아주 중요하다.

매출을 잘 올리는 미용사는 단독으로 시술을 하지만 그렇지 않은 미용사들은 공동 스태프와 손을 맞춘다. 미용사와 스태프와의 호흡이 얼마나 중요한지는 아무리 강조해도 지나치지 않다. 스태프가 얼만큼 잘 도와주는지에 따라 미용사의 매출로 연결이 되기에.

헤드스파는 지압과 샴푸를 잘 해야 한다.

스태프가 미용사까지 되는 과정 중 가장 기본이 되는 기술은 "샴푸"이다. 샴푸는 미용실에서 떼려야 뗄 수 없는 시술이다.

각 매장마다 샴푸 매뉴얼은 비슷하다. 샴푸를 제대로만 배워놔도 어느 매장을 가든 활용할 수 있다. 똑같이 가르쳐도 스태프들마다 받아들이는 게 조금씩 다르긴 하다. 어떤 직원은 시원하게 머리를 잘 감기는데, 간혹 다른 직원은 열심히 따라는 하는데도 시원하기는커녕 아프기만 한 경우도 있다. 손가락의 힘 조절을 못해 아프기만 하고 시원하지 않은 것이다.

샴푸할 때도 고객에게 틈틈이 불편한 건 없는지 체크해주면 고객은 기분이 좋아진다. 스태프들이 하는 사소한 배려와 말 한마디, 손짓 하나가 아주 중요하게 작용한다.

고객을 응대할 때 미용사 못지않게 잘하는 직원도 있다. 어떻게 말하면 고객이 기분 좋은지 꼭 매뉴얼대로가 아닌 자신이 잘 할 수 있는 것을 접목시키는 것이다. 지속적으로 관리를 받도록 하는 헤드스파 패키지나 두피관리 패키지로 연결시키는 능력 있는 스태프도 있다. 이런 직원은 매장의 자랑이자 인재다. 능력 있는 스태프는 매장에서 권한을 주기도 한다. 새로운 직원이 들어오면 교육 담당자로 정해서 교육시킬 때마다 보상을 해준다. 권한을 받은 스태프는 자신에 대한 자존감도 높아지고 매장에도 활력을 준다.

관심이 곧 센스다

대개 원장의 고객들은 스태프들에게 팁을 잘 주는 편이다. 그래서 미리 말을 해준다. 어느 어느 고객님 예약되어 있으니 신경써주세요, 하고. 눈치 빠른 스태프들은 아주 사소한 것까지 정말 열심히 챙긴다. 어떤 때는 서로 경쟁하고 서로 눈치 싸움도 하게 된다. 원장의 고객만 맡으려고 뺀질뺀질 하는 직원도 있다. 하지만 진심이 안 들어간 서비스는 고객들이 한 번에 눈치를 챈다. 원장의 고객이라고 모두 팁이

나오는 것은 아니다. 정성스럽고 최선을 다했을 때 대가가 나온다. 고객은 모든 서비스에 감사해하고 감동하지 않는다. 진심이 전해졌을 때 비로소 감동하고 다시 찾아온다.

기술을 익혀가는 과정은 힘들고 어렵다. 접객부터 기술자가 되기까지 해야 할 일이 한두 가지가 아니기 때문이다.

배움에도 요령은 있다. 요령을 터득해야 다른 사람보다 더 빨리 기술자가 된다.

내가 알고 있는 미용사 이야기다. 실습사원 시절, 한 매장에서 3년을 근무하고 미용사가 돼서 성공한 경우이다.

원장의 메인 스태프였던 그 사원은 성격이 굉장히 밝고 꼼꼼하게 메모를 잘했다. 고객 한 분 한 분에 관한 내용을 모두 메모를 한다. 어떤 음료를 주문하는지, 어떤 스타일을 좋아하는지, 얼굴형은 어떻게 생겼는지, 좋아하는 것은 무엇인지. 원장의 고객뿐만 아니라 다른 미용사들의 고객까지도 모두 다 메모하고, 방문했을 때 반갑게 응대하며 기술을 배워갔다.

어느 날, 한 미용사가 몸이 아파 결근을 했다. 고객들은 다른 미용사에게 자신의 머리를 맡기려 하지 않는다. 그런데 그 미용사를 찾아왔던 고객이 뜻밖의 말을 했다.

"저번에 왔을 때, 내가 좋아하는 음료를 알고 있던 실습사원이 있던데 그분에게 시술할게요."

다른 미용사들에게 맡기느니 자신에게 상냥하고 친절하게 해주는 실습사원에게 기회를 주고 싶었던 것이다.

높은 단가를 받는 매장이었다. 실습사원은 떨리지만 최선을 다해서 시술해주었다. 다행히도 고객은 몹시 마음에 들어 했다.

그 뒤로 미용사가 휴무이거나 결근할 때는 그 실습사원이 고객을 맡게 되었다. 그렇게 얻게 된 기회로 그 실습사원의 기술은 하루가 다르게 향상됐고, 매장에서도 지원을 아끼지 않았다. 실수를 하게 될 때도 있었지만 그동안 쌓아온 신뢰로 양해가 가능했다.

고객을 대하는 것도 실력이고 능력이다. 고객에게 한 발짝 다가갔던 마음이 어마어마한 시너지로 작용했고, 지금은 아주 훌륭한 미용사로 성장했다.

이처럼 누구에게나 기회는 찾아온다. 기회가 찾아오기까지 자신의 믿음으로 준비를 하고 있어야 기회가 왔을 때 내 것으로 만들 수 있다.

고객이 지금 원하는 것은?

나는 내가 가지지 못한 것을 보고
불행하다고 생각한다. 그러나 다른 사람들은
내가 가진 것을 보고 행복하리라 생각한다.
라그랑스

과장 광고의 한계

한때 전국 맛집을 탐방해서 알려주는, 일명 파워 블로거들이 유행이었던 적이 있었다. 자신들이 먼저 음식을 먹어보고, 홍보까지 해주는 것이다. 때로는 음식을 무료로 제공 받기도 한다.

한 블로거가 우리 미용실을 홍보해주고 인터넷 첫 페이지에 뜨게 해준다고 하면서 무료 협찬 문의전화가 온 적도 있다. 회원이 10만 명이 넘는 유명한 맘까페에서 쪽지가 오기도 했다. 자신들의 카페에 홍보하게 해줄 테니 할인 광고를 올려 보라는 쪽지였다.

파워 블로거를 마케팅에 활용하는 많은 미용실들을 보면 생명력이 짧다. 일반 고객이 찾아갔을 때, 그 결과가 나오지 않으면 오히려 독이 되고, 안 좋은 평가가 난무하는 경우를 많이 보아왔다.

우리 매장은 2012년부터 블로그를 하고 있었다. 미용사들도 개인 블로그를 가지고 있다. 이것에 대한 우리 매장만의 철칙이 있다. 고객들이 스스로 원해서 사진을 찍고자 하는 경우, 꼭 마무리된 스타일을 찍어서 올려야 한다. 일부러 잘 보이게 하려고 드라이를 넣는다든지, 필요 이상의 연출을 해서는 안 된다. 오로지 샴푸 후 말려서 완성된 스타일만 찍어서 올린다. 그렇지 않으면 미용실에선 분명 예뻤는데, 집에 가서 손질하니 그 스타일이 안 나와요, 하는 불만이 생기게 된다.

고객은 머리 손질을 잘 못한다. 잘 못하니 미용실에 와서 비싼 시술을 하는 것이다. 나는 직원들에게 어떻게 해서든지 고객이 직접 손질했을 때도 만족할 만한 스타일이 나올 수 있게 연구하라고 한다.

고객의 스타일뿐 아니라 기분까지 만족시켜야 한다

요즘은 저가 미용실들이 많이 생겨나고 있다. 경기도 안좋고 하니 고객을 배려한다는 생각에 우후죽순 생겨나고 있다. 우리 매장에서 가까운 곳에 저가 미용실이 생겼다는 소식을 들었다.

순간 호기심이 생겨 그 매장을 방문했다. 매장은 규모는 그렇게 작지 않았지만 모든 것이 셀프였다. 커피나 물은 본인이 직접 갖다 먹어야 했다.

내 차례가 돌아왔다. 미용사가 표정 없는 얼굴로 다가와 종이 한 장을 내밀었다.

"여기에 체크하세요."

분식집에서 음식을 주문하듯이 주문지에 필요한 서비스를 체크하는 방식이었다. 나로서는 정말 충격이었다. 미용사들의 표정은 딱딱하게 굳어서 마치 하기 싫은 일을 억지로 하는 듯한 느낌이었다. 시술 역시 기술이라고 할 수 없었다. 샴푸 후 머리카락도 제대로 말리지도 못하면서 어떻게 개업을 할 생각을 했을까 신기하기까지 했다. 마치 고객을 자신들의 연습 대상으로 생각하는 것 같았다.

자격증만 있다고 머리를 만질 수 있는 것은 아니다. 기술을 어느 정도까지 배우고 숙련시킨 후에야 고객의 머리를 만질 수 있다.

경력이 오래된 원장들은 알 것이다. 고객이 하고 있는 컬러 색감만 봐도 국산 염모제를 사용했는지 수입 염모제를 사용했는지, 그리고 조금 더 나아가 브랜드까지 알 수 있다.

고객들도 의식이 바뀔 필요가 있다. 헤어스타일은 외모에서 가장 비중을 많이 차지하는 부분이다. 자신이 세련되고 예쁘게 보이고 싶다면 그만큼의 대가를 지불해야 한다.

전 세계에 수많은 미용사들이 있다. 내가 왜 미용을 하는지, 어떤 미용을 할 것인지 어떤 미용사가 될 것인지를 곰곰이 생각해 보아야 한다. 미용사로서의 가치를 어떻게 높일 것이며, 고객이 원하는 스타일을 할 수 있게 노력하고, 이왕할 거면 제대로 배워서 하라는 것이다.

자기개발에 투자를 아끼지 말고 미용에 대한 지식을 쌓으면서 생각하고 행동했으면 한다.

창작하라는 것이 아니다. 모방을 하라는 것이다. 모든 디자인은 모방에서 시작된다. 고객이 진짜 원하는 게 무엇인지 고민해 보자. 서비스일 수도 있고 스타일 만족일 수도 있을 것이다. 내가 진정한 미용사라면 스타일을 만족시켜주는 것이 가장 기본적인 의무이다.

친절이 서비스의 전부는 아니다

무능한 사람은 좋은 서비스를 할 수 없다.
처음부터 제대로 된 사람을 채용하라.
이것이 우수한 서비스의 비결이다.

존 솔

고객의 자격

한번은 키가 크고 얼굴도 예쁜 고객이 매장을 방문을 한 적이 있다. 매장에 들어서자마자 매장의 안내를 무시하고 시술의자에 바로 앉았다. 직원들은 순간 당황했다. 그녀는 눈 빛도 교환하지 않고 휴대폰만 보면서 묻는 말에 대답만 하고 있었다. 한마디로 쎈언니였다. 뭐 이렇게 안하무인인 사람이 다 있나 싶었다.

"고객님, 예약하셨나요?"

"아니요."

"처음 방문이신가요?"

"네."

의자에 앉은 손님을 돌려보낼 수는 없는 노릇이었다. 하는 수 없이 한 미용사가 시술보를 어깨에 두르려고 하자 퉁명스럽게 말했다.

"그거 하지 말고 그냥 해주세요."

나는 차분하게 우리 매장은 예약제로 운영하고 있다고 말하고, 미용사에게 시술을 하라는 신호를 보냈다.

며칠 후, 같은 고객이 시술 예약을 했다. 그런데 예약시간보다 15분이나 늦게 왔다. 그때는 이미 다른 고객의 시술을 하느라 바로 해줄 수가 없었다.

시술이 끝나고 나니 예약시간보다 30분이나 지나 있었다.

"내가 예약했는데 왜 다른 고객을 해주세요?"

기가 막혔다.

"고객님이 예약하신 건 맞는데 15분씩이나 늦게 오셨잖아요? 제가 고객님만 기다리고 있는 사람도 아니고, 한 분이 늦으면 계속 일이 꼬이기 때문에 무척 곤란합니다."

나는 냉정한 말투로 설명했다. 물론 고객에게 친절하게 대해야 하는 건 사실이다. 하지만 이처럼 얌체 고객들에게는 친절하기만 해서는 안 된다. 매장의 관리자가 지혜를 발휘해야 한다.

고객의 서비스 질을 높이는 것도 매장에서 어떻게 대응하느냐에 달려 있다. 블랙컨슈머라는 단어가 유행했다. 기업을 상대로 고의적으로 악성민원을 제기해서 부당이익을 취하려는 고객들이다. 그 파장이 전 서비스 직종에 영향을 미쳤다. 고객이라고 다 같은 고객도 아니고 친절하게만 한다고 해서 알아주는 것도 아니다. 고객이 매장의 규칙을 모르면 알려주고 서로 이해할 수 있어야 더 나은 서비스를 할 수도 있는 것이다.

서비스는 공짜가 아니다

우리 매장은 음료를 음료 냉장고에 보관하고, 다과는 고객이 볼 수 있는 곳에 비치해 두고 있다.

중고생 고객들이 많이 방문하는 편인데, 나는 학생들이 오면 친구처럼 편하게 해준다. 학생들은 혼자 커트를 하러 오는 일은 드물다. 꼭 친구를 데리고 온다.

한번은 이런 일이 있었다. 한 학생이 여러 명의 친구들과 함께 방문했다. 학생이 커트 하고 있는 동안 다른 친구들은 매장을 이리저리 왔다 갔다 하면서 주위를 산만하게 만들었다. 큰소리로 떠드는 바람에 다른 고객들까지 눈살을 찌푸렸다. 그러더니 허락도 받지 않고 주스와 비스킷을 먹고 있었다. 처음엔 몰라서 그런가 보다 생각하고 그냥 넘어갔다.

한 달 후, 같은 학생이 다시 방문했는데 역시나 그때의 친구들을 데리고 왔다. 이번엔 더 심했다. 자신의 집에 온 것처럼 음료와 다과를 스스럼없이 먹고 있었다. 나는 그냥 두어서는 안 되겠다고 생각돼 주의를 주었다.

"친구는 커트 한다고 주스도 못 먹는데, 너희들은 뭔데 커트도 안 하면서 주스만 먹어?"

"죄송합니다. 다음에 머리 하러 올게요."

대답에는 성의가 없었다. 우리 매장에서 커트 할 생각이 처음부터 없는 학생들이었다. 얌체 고객이었다. 이런 얌체 고객들에게 무조건 친절하게 할 수 없었다. 서비스는 대가를 지불했을 때 받는 혜택이다. 대가도 지불하지 않은 고객에게 서비스를 할 이유는 없는 것이다. 알면서도 모르는 척하는 건지, 진짜 모르는 건지 이해하기 어려웠다.

고객이라고 다 같은 고객은 아니다. 서로에 대한 존중과 이해가 있을 때 고객은 서비스를 받을 자격이 있는 것이다. 예의에 어긋나는 고객들에게는 기분 나쁘지 않은 선에서 단호하게 말을 할 줄도 알아야 한다.

블랙컨슈머 대처법

경기가 어려워지면서 선불권 고객들이 간혹 환불을 요구하는 경우가 있다. 100만 원짜리의 선불권을 구매하고, 반을 사용한 후, 남은 반에 대해 환불을 요구하는 경우이다. 고객 입장에선 남은 금액을 반이라고 생각하겠지만 매장은 고객의 생각과 다르다.

결제를 카드로 했다면 카드는 수수료 부분도 합산한다. 선불권 혜택으로 할인받은 금액을 모두 차감하면 고객이 환불 받을 수 있는 금액은 불과 10만 원도 안 되는 경우도 있다.

선불권을 결재할 때 설명을 다 하고, 직접 선불계약서에 사인을 하고도 막무가내인 고객이 있다. 인터넷에 올려 장사를 못 하게 만들겠다면서 직원들을 협박하는 고객들도 있다. 하지만 어쩔 수 없는 노릇이다. 지금까지 받은 할인금액을 제하고 나머지만 환불하겠다고 단호히 나갈 수밖에. 이것은 시술이 잘못되거나 직원의 실수로 인해 환불을 요구하는 것과는 다르다.

한때 모발을 재생시키는 시술이 유행인 때가 있었다. 환경오염이나 잘못된 펌과 염색 시술로 많이 손상된 모발을 원래대로 되돌려주는 시술이다. 일반적으로 복구 시술, 복구

클리닉이라고 한다.

내가 직접 시술을 받아 보니 정말 놀라운 제품이었다. 한 번 클리닉 받는 데 가격이 기장별로 20, 25, 30만 원이었다. 나는 대단한 제품을 고객에게 시술할 수 있다는 것에 큰 자부심을 가지고 있었다.

어느 날, 여자 고객이 복구클리닉 받겠다고 방문했다. 제품에 대해서 잘 알고 있고, 다른 미용실에서도 받아봤다면서 굉장히 친근감 있게 말을 했다.

나는 이 제품이 어느 매장에 들어가 있는 줄 다 알고 있지만, 고객이 하는 말을 듣고만 있으며 시술했다.

나는 모든 과정을 꼼꼼히 설명하며 시술을 마무리했다. 결과는 만족스러웠다.

그런데 이틀 후, 그 고객에게 전화가 걸려왔다. 시술받은 머리카락이 매끄럽지 않다고 환불을 요구하기 시작했다. 지금 모발 상태가 어떤지도 모르는데 환불을 해달라니 화가 났지만 마음을 진정시켰다.

"번거롭겠지만 매장에 방문해주시면 확인하고 조치를 취해 드리겠습니다. 언제 오실 수 있으세요?"

"지금 당장 갈게요."

고객은 거칠게 전화를 끊은 후, 친구와 함께 매장에 들어 왔다.

"고객님, 일단 샴푸하고 말려서 확인해 드릴게요."

"샴푸도 싫으니까 그냥 환불해주세요."

어이가 없었다. 매장의 다른 고객이 다 쳐다볼 정도로 큰소리로 영업방해를 하기 시작했다. 오랜 경험으로 봤을 때, 상습적으로 환불을 요구하는 전형적인 고객이었다. 아무 문제가 없는데도 문제가 있는 것처럼 환불을 받으려는 블랙컨슈머였다.

나는 파출소로 전화를 걸어 영업방해로 신고했다. 그 고객도 소비자센터에 전화를 거는 척하면서 슬그머니 발길을 돌렸다.

만약 경험이 부족한 원장들의 경우라면 환불해줬을 것이다. 고가의 시술은 아주 조심스럽다. 시술을 하고 나면 진이 빠질 정도다. 이런 문제를 만들지 않으려면 무조건 낮은 자세로 굽히지 말고, 고객에게도 권리가 있지만 서비스를 제공한 측에도 권리가 있다는 것을 잘 인지하고 있어야 한다.

앞머리의 중요성

단골 고객이 방문했다. 주로 고가의 시술을 하시는 분이었고 시술과 케어가 동시에 들어가야 하는 모발이었다. 시술을 받고 다시 재방문을 했는데 전화번호 뒷자리 입력하니 30일 정도 된 상태였다. 매장은 고객프로그램이 있어서 방문일수까지 알 수 있다. 고객은 앞머리 정리를 해달라고 했다. 마침 담당자가 휴무라서 고객에게 양해를 구했다.

"고객님, 다른 미용사가 해드려도 될까요?"

"네."

나는 다른 미용사에게 고객의 앞머리 커트를 부탁했다. 시술이 끝나자 고객은 한 마디 말도 없이 휭 하고 나가버렸다. 너무 순식간에 일어난 상황이라서 고객을 부를 시간도 없었다. 앞머리를 잘라준 미용사는 어이없는 고객이라고 하면서 투덜대고 있었다. 어쩔 수 없이 그 고객의 앞머리 시술비를 내가 대신 매출로 올려줄 수밖에 없었다.

얼마 후, 그 고객이 다시 방문했다. 고객에게 그때 상황을 설명했는데 오히려 황당하다는 표정을 지었다.

"앞머리는 그냥 잘라주는 줄 알았어요."

어떻게 앞머리커트가 공짜일 수 있을까. 앞머리커트는 얼굴 라인을 따라 세심하게 다듬어야 한다. 앞머리커트 하나로 얼굴이 작게 보이게도 하고, 어려 보이게도 한다.

앞머리커트는 음식점에서 주는 밑반찬처럼 공짜 서비스

가 아니다. 앞머리는 얼굴의 이미지를 좌우하는 부분이다.

　나는 직원들에게 앞머리가 굉장히 중요하니까 앞머리커트를 기본 커트의 2분의1 가격을 받으라고 한다. 헤어스타일은 앞에서 보는 것이 50%를 차지한다.

　매장을 운영하려면 매출이 있어야 한다. 하지만 고객들은 사소한 것은 공짜로 서비스 받기를 원한다. 나도 그렇게 해주고 싶지만 현실이 그렇지 않다. 높은 임대료나 인건비, 유지비가 나가기 때문에 어쩔 수 없다.

2 장
미용실의 첫
번째 고객은
직원이다

배움에 있어서 때와 장소는 필
요하지 않다. 미용사는 가위
를 놓는 순간까지 교육을 받아
야 한다. 그것이 고객에 대한
예의이다. 자기 개발을 게을
리하지 말자.

직원이 행복해야 고객도 행복하다

인생에 있어 최고의 행복은
우리가 사랑받고 있음을 확인하는 것이다.
빅토르 위고

고객과의 사적인 관계에 대하여

미용이란 직업은 고객을 사귀는 직업이다. 상대를 멋지고 젊어 보이게 해주는 일이다. 사귀는 것이 남녀 간의 사귐을 뜻하는 것은 아니다. 서비스를 통해 고객과의 밀접한 관계가 된다는 의미다.

오래 전에 직원으로 근무했을 때의 일이다. 남성 직원 중에 여자친구가 없었던 미용사가 있었다. 얼굴도 잘생겨서 직원들 사이에서 인기가 있는 미용사였다. 자신의 미래에 대한 계획 때문에 이성교제를 자제하고 있었다.

어느 날 저녁, 눈이 동그라니 크고 예쁜 여성 고객이 방문했다. 마침 그 남자 미용사가 담당이 되었다. 시간이 늦어 펌 시술이 안 되는 시간이었다. 하지만 그 직원은 펌 시술을 결심했다. 그렇게 되면 직원들이 모두 다 퇴근하고 혼자 남아서 시술을 해야 한다. 보통의 미용사들은 이런 경우, "오늘은 커트만 하시고, 내일 다시 방문해주세요"라고 말을 한다. 난 내심 그 남자 미용사가 예쁜 여자 고객에게 호감이 있다는 것을 알았다. 모든 시술이 끝나려면 11시가 넘을 텐데 그는 마다하지 않았다.

다음 날 출근하자마자 직원들이 그 남자 미용사에게 모여들었다.

"시술은 몇 시에 끝났어요?"

"고객은 만족하시던가요?"

"왜 그렇게 무리하게 시술을 감행한 거예요?"

그러자 그는 솔직한 속내를 내비쳤다. 그녀가 너무 예뻐서 여자친구로 사귀고 싶다고. 매장에서 고객과 미용사가 사귀는 것은 금기 중의 금기다. 원장이 알면 난리가 난다. 고객 정보 유출이기도 하고, 헤어지게 되면 고객을 놓치거나 미용사가 퇴사하거나 하는 경우가 있어서다. 원장 입장에서는 좋을 일이 하나도 없다.

그날부터 그는 그 여자 고객의 SNS를 염탐했고, 연락을 주고받으며 데이트 약속을 잡으려고 무척 애를 썼다. 이성교제를 자제하던 그가 이상형을 만나더니 180도 변해버렸다.

매일 흥얼거리며 일하고, 무척 밝아졌다. 고객들에게도 한결 친절하게 대했다.

마침내 데이트 날짜가 잡혔다. 모두들 잘하고 오라고 격려를 해주었다. 그도 한껏 멋을 내고 퇴근시간만 기다렸다.

다음날, 출근한 그의 모습은 우리의 기대와는 전혀 달랐다. 만나고 보니 그녀가 자신보다 2살 연상이었다고 했다.

"요즘 연상연하가 따로 있나요? 뭐 어때요?"

우리는 성화를 부렸다.

"난 괜찮은데 그녀가 연하가 싫대요. 전에 연하를 사귄 경험이 있는데 좋지 않은 기억이 있다면서……."

사람과 사람이 만나는 일이다 보니 고객과 미용사 사이에 사적인 관심이 생기는 일이 충분히 있을 수 있다. 미용은 사람을 상대하는 직업이고 감정으로 움직이다 보면 이런 경우가 생길 수 있다.

하지만 내 개인적으로는 이런 관계는 가급적 피하는 것을 권한다. 미용사가 프로의식을 가지고 고객의 개인적인 관심표현에 능숙하게 대처해야 한다. 두 사람의 사이가 틀어지게 되면 서로에게 상처일 뿐만 아니라 미용사는 단골손님을, 고객에게는 단골 매장을 잃게 되는 부작용이 있으니 말이다.

마인드 컨트롤을 잘해야 진정한 프로다

일을 하다 보면 정말 괜찮은 고객이라고 생각이 그는 고객을 만날 때도 있다. 기억에 오래 남는 고객들도 많다. 내가 한 시술이 정말 잘 어울리고 멋져 보였다든지, 무척 마음에 들어 하며 감사의 표현을 아끼지 않는 고객들은 오랫동안 머릿속에서 지워지지 않는다. 그 고객들이 다시 방문했을 때는 더 멋지고 예쁘게 해주려고 노력을 한다. 이런 고객들은 항상 소개 고객으로 연결도 된다. 주위에서 예뻐졌다는 이야기를 듣기 때문이다. 그리고 이런 고객들이 예약을 하면 마음이 설레고 스타일에 대한 구상을 더 오래 하게된다. 너무도 즐거운 일이지 않은가? 미용사가 고객을 예쁘게 해주는 건 당연한 일인데 당연한 일에 고마움의 표시를 해주니 말이다.

가끔 식사를 같이 하자고 하는 고객도 있다. 한번은 남자 고객에게 커트를 해줬는데 너무 마음에 들었던 모양이었다. 그가 매니저에게 나와 식사를 할 수 있게 해달라고 요청했다. 매니저는 고객의 기분 상하지 않도록 웃으면서 말했다.

"저희 매장은 고객과 개인적인 연락은 하지 않게 되어 있습니다."

스타일이 마음에 들어서 한 감사의 표시지만 너무 과분하다는 생각이 들었다. 스타일이 마음에 들면 다음에 나를 다시 찾아주는 것이 최상의 칭찬이다. 이것처럼 기분 좋은 일이 어디 있을까?

내가 직원들에게 항상 하는 말이 있다. 공과 사는 구분할 수 있어야 프로라고. 집안에서 안 좋은 일이 있다고 인상을 쓰면서 출근하지 말라고 한다. 집안에서의 일은 집에서 생각하고 출근하기 전에는 모두 잊으라고. 공과 사를 구분을 할 수 있는 것은 그리 쉬운 것은 아니지만 조금만 신경 쓰면 못할 것도 없는 일이다. 이러한 감정조절은 고객을 대하는 데서 아주 중요한 역할을 한다. 내 감정이 나쁘면 은연중에 상대에게 전해질 수 있기 때문에 나쁜 감정이 있으면 빨리 잊어버리는 게 좋다.

"오늘은 어떤 고객을 만나게 될까?"

설레는 마음으로 응대하다 보면 나도 모르게 매력 있는 미용사, 기억에 남는 미용사로 성장한다. 내 자신이 행복을 느낄 수 있어야 고객에게도 행복한 마음을 전달할 수 있다.

개인기보다 팀워크가 중요하다

세상 사람들에게 당신은 평범한 사람일 수
있지만, 어떤 사람에게 당신은 이 세상의 전부일 수 있다.

닥터 수스

공동의 관심사 만들기

미용실이 잘 되기 위해서는 팀워크가 중요하다. 미용실
의 목표달성과 성장을 위해 각자의 역할과 자신이 하고 있는
일에 대해 충분히 이해를 하고 있어야 한다. 매장의 목표를
위해선 서로의 응원하고 지지하며 도울 수 있는 조직을 만들
어야 안다.

팀워크를 좋게 하기 위해서 내가 가져야 할 마음가짐,
태도, 행동을 적극적으로 할 수 있는 시스템이 갖춰져야
한다.

원장은 관리자에게 피드백하고, 미용사는 스태프를 피
드백할 수 있는 충분한 역량과 능력을 길러주는 것이 바람직
하다. 미용실이 진가를 발휘하기 위해서는 직원들의 호흡이

잘 맞아야 한다. 직원들의 호흡이 잘 맞으려면 공통된 목표가 맞아야 한다. 공통된 주제와 목표가 있을 때 팀워크가 저절로 일어난다.

2012년 오픈 당시 새로운 직원들의 화합과 조직력을 높이고, 미용실에 볼거리 문화를 만들기 위해 애완용 새를 키우기 시작했다. 소형 앵무새 종류인데 아주 작은 새였다. 앵무새라고 말을 다 따라하는 것은 아니다. 소형 종류는 휘파람이나 리듬감을 조금 탈 수 있고, 이름을 부르면 대답하는 정도이다. 품종은 사자나미라고 하는데 구하기 쉽지 않은 종류라 입양할 때 한 마리밖에 데려오지 못했다. 이 새가 이유식을 막 떼자마자 매장에 데리고 왔다.

나는 매장을 찾아오는 고객들에게 입소문이 나길 바랐고 매장의 마스코트처럼 키울 생각이었다. 아름다운 천연 색을 가지고 있는 새를 눈앞에서 직접 보니 직원들은 신기해했다. 서로 만지려고 아우성이었다. 너무 어린 새라 바뀐 환경에 적응 못할까 봐 마음을 졸였는데 아니나 다를까 환경이 바뀐 것을 금방 알아버렸다.

전에도 새를 키운 적이 있었는데 적응하지 못해서 하늘나라로 보낸 적이 있었다. 나는 직원들에게 일주일 정도 새가 적응을 해야 하니 무관심한 척해 달라고 부탁을 했다.

며칠 동안 새가 눈을 뜨지 않았다. 물과 먹이를 옆에 놔둬도 꼼짝도 하지 않았다. 드라이기 소리가 나면 놀라서 눈 한 번 떠보는 게 전부였다.

그렇게 시간이 지나면서 새가 물조차 먹지 않으니 걱정이 되었다. 야채를 주면 먹을까 싶어서 상추를 사다가 옆에 놔두었더니 아주 천천히 다가와서 한 번 찍어먹었다. 그러더니 맛이 있는지 상추 한 장을 금세 먹어치웠다. 이 모습을 본 나와 직원들은 마음이 놓였다. 상추를 너무 잘 먹어서 이 새의 이름이 상추가 되었다. 상추는 지금까지도 잘 지내고 있다.

동료를 믿어라

A형의 혈액형을 가진 사람들은 굉장히 섬세하면서 꼼꼼하다. 우리 직원들 중엔 A형과 AB형들이 많았다. 그들은 스타일에 있어서 너무 완벽하게 하려고 하는 성향들이 있다. 완벽한 것은 좋지만 너무 완벽하게 하려고 하다 보면 일에 능률이 오르지 않는다. 그리고 남에게 일을 잘 맡기지 못하고 자신이 모든 것을 스스로 직접 해야 직성이 풀리는 경우

도 많다.

　미용사가 되기까지 이론적인 이해와 기술적인 이해를 갖춰야 다음 단계로 넘어갈 수 있다. 이해가 부족한 상태에서 미용사가 되면 자신의 관점에서만 생각하기에 누가 도와준다고 해도 믿으려 하지 않는다. 특히 남자 미용사인 경우가 더 그렇다.

　처음 매직펌이 나왔을 때다. 새로운 개념의 펌이 나오다 보니 이해하는 미용사도 있고, 헷갈려하는 미용사도 있었다.

　모질이 다양하다 보니 체크를 잘못해서 결과가 좋지 않은 경우도 많았다. 모발 진단을 잘못하게 되면 손상으로 이어지는 것은 당연한 결과이다. 자신은 정확하게 했다고 했지만 결과가 좋지 않으면 시술에 대한, 그리고 모질 분석에 대한 트라우마가 생기게 된다. 이런 경험을 많이 하게 되면 스태프들에게 맡겨놓고 다른 일을 할 수 없게 된다.

　자신이 하는 시술에 대한 기준점이 없다 보면 자신이 모든 것을 해내려 한다. 매장의 이익은 회전률에 있다. 한 사람이 오랜 시간 시술을 하게 되면 자신도 힘들고 개인의 매출이 늘지 않을 뿐만 아니라 고객도 지루하게 생각한다. 매장에 스태프가 있는 경우, 스태프와 미용사의 손발이 잘 맞아야 한다. 미용사가 오더를 내려주면 스태프는 그에 맞게 준비를 하고 시술을 할 줄 알아야 한다. 스태프가 시술하는 동안 미용사는 다른 고객과 상담이나 다른 시술을 할 수 있으니 훨씬 효율적이다.

내가 함께 일했던 한 남자 미용사는 처음부터 끝까지 본인이 다 해야만 고객에게 잘 해주었다고 생각한다.

자신이 샴푸까지 해야 머릿결이 상하지 않는다고 느끼고, 펌 시술할 때도 본인이 롯드를 다 말아야 직성이 풀린다. 고객의 입장에선 최고의 서비스라 생각할 수 있다. 펌도 한 사람이 롯드를 말면 균일하게 나온다고 생각해서이다.

혼자 모든 과정을 다 맡아 하는 미용사를 보고 있으면 답답함을 느낄 때가 종종 있다. 다른 미용사는 몇 사람을 받고 있는데, 한 고객을 4,5시간 붙잡고 있으니 말이다. 너무 꼼꼼해서 머리카락을 한 올 한 올 세듯이 시술한다. 자신이 모든 과정을 책임지겠다고 생각하는 것도 좋지만, 고객과 자신 모두 지치게 만들고 있는 것은 좋지 않다.

스태프 4년 차 정도의 단계가 되면 단지 커트 기술이 부족해서 디자인을 못하는 것이지, 펌이나 컬러 시술은 미용사 못지않게 할 수 있다. 미용사 전 단계인 시야기중상(마무리를 할 수 있는 단계)과 호흡을 맞추면 자신의 매출 향상에 도움이 된다. 시야기중상과 손발이 잘 맞으면 80% 이상을 시야기중상이 해준다. 이렇게 시야기중상의 범위를 더 넓혀주면, 조금 더 많은 기술을 배우게 되고 더 빨리 미용사로 성장한다. 그렇게 되면 미용사는 20%의 역량을 점점 줄이면서 자신의 매출을 늘릴 수 있다.

'나'만의 기술보다는 '우리'의 기술로 만들어라

예전에는 원장이나 관리자 급은 고객들 5~6명 정도는 동시에 의자에 앉혀놓고 시술을 한다. 그만큼 스태프를 활용한 것이다.

원장이 커트시술 중이면 스태프들이 샴푸, 두피, 컬러 등이 필요한 고객을 각각 맡아 담당했다. 펌 시술의 경우, 미용사가 몇 개만 말아주면 나머지는 스태프가 다 알아서 한다. 스태프들의 기술에 대한 믿음이 있기 때문이다. 설령 스태프가 조금 실수를 한다 해도 고객이 눈치챌 수 없게 미용사가 커버할 수 있는 기술을 가지고 있으니.

어느 직업이든 혼자서 일을 처리를 할 수 없다. 아무리 자신이 최고라고 해도 혼자하게 되면 몸이 지치게 된다. 서로 믿고 분담해야 일에 능률이 오르고 팀의 조직이 커진다. 이것을 아는 사람은 불과 10%도 안 된다.

요즘 친구들은 일을 적게 하고 돈은 많이 벌기를 원한다. 미용사로서 경력이 쌓이게 되면 당연히 일은 적게 하면서 돈을 많이 벌 수 있다. 그런데 숙련되지도 않은 스태프나 이제 기술을 다 배워서 올라온 초급 미용사들도 적게 일하고 돈만 많이 벌어가길 원하니 문제가 아닐 수 없다.

기술은 자신의 가치를 보상받는 것이다. 때문에 10년 이상의 경험과 기술이 뒷받침되어야 일을 적게 하고 돈을 많이 벌 수 있다.

미용은 기술직이다. 그리고 고객을 사귀는 직업이다. 그만큼 구성원들과의 믿음과 소통, 고객의 눈빛만 봐도 원하는 스타일을 알 수 있는 정도가 되어야 한다. 아직 경험이 부족하고 기술이 부족한데 돈만 많이 벌어가길 바란다는 것은 있을 수 없다.

자신이 자랑할 만한 기술이 있다면 함께 공유할 줄도 알아야 한다. 그래야 자신의 일이 힘들 때 도와줄 수 있다. 스태프와 손발을 잘 맞출 수 있다면 내 일이 그만큼 줄어들게 되는 것이다. 공동의 목표를 정해 그것을 달성하는 과정에서 협력과 유대관계가 없이는 이룰 수 없다.

부족한 점을 서로 보듬어주고 채워주면서 맞추어 나가는 것, 하나일 때보다 여럿일 때 더욱 진가가 발휘 할 수 있고, 가족 같은 팀워크를 만들어간다면 최상의 미용실이 될 것이다.

고객 없이는 내일도 없다

진심에서 나오는 말만이
사람의 마음을 움직일 수 있고, 밝은 양심에서 나오는
말만이 사람의 마음을 꿰뚫는다.

윌리엄 펜

작은 이벤트, 큰 감동

당신의 매장에는 한 달에 몇 명의 고객이 방문하는가? 직원이 몇 명 있느냐에 따라 달라지겠지만, 각 매장에선 많은 고객을 확보하는 것이 궁극의 목표이다.

매년 12월이면 일 년 동안 계획했던 것을 점검하면서 가장 반응이 좋았던 마케팅이나 이벤트를 점검한다. 인기가 없던 이벤트는 어떤 것을 보안하면 좋을지 서로 의견을 내서 검토한다.

우리 매장에서는 고객이 매장을 찾아주는 것에 대한 감사의 마음으로 연말이 되면 추첨 이벤트라든지 고객의 등급별로 차별화해서 선물을 주기도 한다. 항상 이벤트가 있다는 것을 알리기 위해 미리 고객들에게 단체로 문자를 보낸다. 3

개월 안에 방문하시는 고객을 추첨해서 선물을 준다고 미리 공지하는 것이다. 추점을 통한 선물 증정일 경우에는 3개월 동안 매장에 방문하시는 고객의 이름과 전화번호를 적어서 매장에서 미리 준비한 투명 아크릴 상자 안에 넣으면 된다. 담당 미용사들은 자신의 고객이 당첨되길 바라면서 꼼꼼히 안내를 하고 메모지에 연락처를 적는다. 어느 고객은 "나는 이런 이벤트에 한 번도 당첨된 적 없는데……."하시면서 못 이기는 척 적어 내시는 분도 있고, 어떤 고객은 추첨 전에 방문하면 또 적어 내냐고 묻기도 했다. "네. 또 오시면 적어서 넣어드려요"하면 알겠다면서 재방문하는 고객도 있었다. 어찌됐건 이벤트 기간 중에는 매장의 분위기가 생기 있게 돌아간다.

드디어 추첨하는 날이 되었다. 하루를 마감하고 직원들과 고객들이 적어놓은 종이를 테이블 위로 쏟아 부었다. 미용사들이 돌아가면서 뽑기 시작했다. 총 100명의 고객들에게 주는 선물 이벤트이기 때문에 떨리는 마음으로 조심스럽게 뽑았다.

응모하는 3개월 동안 꼭 당첨되었으면 하는 고객들이 너무 많았다. 그런 고객 중에 생각나는 고객이 있다. 하루 걸러 한 번 샴푸를 받으러 오는 고객이었다. 나이는 30대 후반 정도였다. 다른 사람들이 느끼기엔 어딘가 모르게 부족하다는 느낌을 가질 수 있는 고객이었다. 그래서인지 그 고객이 방문하면 직원들은 눈치를 보며 피했다.

원장인 나에게는 이틀에 한 번씩 꼬박꼬박 샴푸를 받으러 오는 감사한 고객이었다. 나는 이 고객과 틈틈이 대화를 하려고 노력을 했다. 특히 바쁜 주말 같은 경우에는 머리를 말리면서 어디 가냐고 물었고, 내 질문에 늘 교회에 간다고 대답했다.

나는 그 고객이 선물을 받았으면 좋겠다고 생각을 했다. 추첨을 다 하고 추첨 명단을 확인하고 싶어졌다. 참 신기했다. 내가 생각한 대로 그 고객이 당첨된 것이다. 좋은 소식을 전할 생각을 하니 내가 더 기뻤다.

그리고 또 기억나는 한 고객은 이벤트 추첨에 한 번도 당첨된 적이 없다는 고객이었다. 이 고객에게 느끼게 해주고 싶었다. 이런 소소한 이벤트도 자신이 원하면 될 수 있다는 것을. 그런데 그 고객도 명단에 있었다. 추첨을 하면서 나누는 기쁨이 이렇게 크다는 것을 새삼 느끼게 되었다.

다음 날, 당첨된 고객들에게 선물을 받아 가라는 문자를 보냈다. 고객에게 웃음을 줄 수 있는 이런 이벤트를 자주 해

봐야겠다고 생각했다.

브랜드보다는 퀄리티로 승부하라

전국에 영업 중인 미용실은 편의점보다 많은 12만 개 정도이다. 미용실이 이렇게 많다 보니 각 미용실에서는 고객 유치에 집중하고 있다. 할인 문자, 생일 문자는 미용실뿐만 아니라 각종 매장에서 고객의 정보만 있으면 보낼 수 있는 문자들이다. 대부분 할인 문자들이다. 우리 매장에서도 기본적으로 할인 문자들을 보내고 있다. 그런데 요즘 고객들은 이런 문자를 받아도 감동이 없다. 워낙 많은 문자들이 각 매장에서 오다보니 무뎌진 것이다. 그리고 20%, 30% 할인은 어느 매장이든 해주기 때문에 마음에 크게 와 닿지 않는 것 같다. 고객들은 할인해 주는 것도 좋아할 수 있지만, 자신의 모발에 맞는 홈케어 제품을 선물로 준 적이 있는데 아주 좋아했다.

우리 매장은 1년 회원권과 100만 원, 70만 원, 50만 원, 30만 원 선불권을 이용해서 할인 받을 수 있는 패키지가 있다. 이 패키지를 만든 이유는, 머릿결이 손상되지 않는 고급 프리미엄 메뉴를 할인된 가격으로 제공하려는 데 그 목적이 있다. 고객의 모발에 맞는 케어가 들어가면서 시술하기 때문에 모발의 손상을 최대한 막을 수 있고, 회복 또한 가능한 시술이다.

그런데 고객들은 메뉴 중 베이직 라인에서도 할인 받을 수 있다고 생각하기도 하고, 정해진 기간 없이 오랫동안 쓸 수 있다고 오해하기도 한다. 건강한 모발은 케어까지 들어가게 되면 컬이 안 나오는 경우도 있어서 프리미엄 라인을 추천하지 않는다. 그래서 베이직 라인만으로도 시술이 가능하기 때문에 별 문제가 없다. 그렇지만 다른 미용실에서 모발을 태워 오거나 집에서 셀프로 시술해서 손상된 모발들은 경우가 다르다. 시술 비용이 비싸다 보니 선불권을 이용하면 시술비용이 조금 저렴해지기 때문에 만들어 놓은 패키지이다.

어느 토요일에 매장으로 문의 전화가 왔다. 친구가 소개해 준 미용실에서 매직펌 시술을 받고 모발이 탔다는 것이다. 모발 회복이 가능하겠냐는 문의였다. 일단 매장에 직접 방문을 해서 상담하자고 말했다.

일요일 오전, 그 고객이 매장에 방문했다. 그 고객은 모발이 아주 길었지만 곱슬머리라서 일 년에 두 번 정도 매직펌을 한다고 했다. 게다가 흰머리가 많아서 집에서 주기적으로 염색까지 하는 손상모발을 가지고 있었다. 나는 모든 상담을 마치고, 앞으로의 시술에 대해서 이야기했다.

지금 쓰고 있는 샴푸까지 모두 바꿔야 모발 회복이 가능하다는 것과 소요될 기간과 비용을 말했다. 고객은 망설일 이유가 없었다. 교사였던 그녀는 여름 방학이 곧 끝나 개학을 하는데 모발이 지푸라기처럼 까실까실하게 타 있어서 고민이 이만저만이 아니었다.

손상된 머리카락의 첫 번째 원인제공은 고객 자신이 했다. 집에서 염색을 자주하면 모발이 많이 늘어나게 된다. 시술 중 가장 손상을 많이 줄 수 있는 것이 염색이다. 두 번째 원인은 싼 가격의 시술을 했다는 것이다. 기초적인 상식만 가지고 있는 미용사에게 시술을 받은 것이 잘못이었다.

결국 이 고객은 선불권 200만 원을 결제했다. 내가 고객들에게 늘 하는 말이 있다. 머리는 누가 해주는지가 가장 중요하다고. 대표적인 미용실 프랜차이즈로는 이가자, 박승철, 이철 등이 있다. 이 매장들에서 시술받고 우리 매장에 온 고객들은 역시 불평을 한다. 브랜드라고 해서 방문해 봤는데 머리를 이렇게 해놨다며 투덜댄다. 그곳들은 유명 미용사들의 이름만 빌려서 할 뿐이다. 펌 시술에 대한 지식과 모발에 대한 지식을 가지고 있는 미용사에게 머리를 맡기면 그나마 손상을 줄일 수 있다.

이렇게 진심을 담은 상담은 시술로 연결되고 시술이 만족하면 소개로 이어진다. 매장은 고객이 없이는 존재할 수 없다. 그만큼 자기개발을 끊임없이 해야 고객이 나를 찾아온다.

나는 누구와 함께 가고 있는가?

당신이 할 수 있다고 생각하든
그렇지 않다고 생각하든 당신 말이 맞습니다.

핸리 포드

더불어 성장하기

직장 생활을 하는 데 있어서 동기부여나 자기 개발에 얼마만큼의 시간과 비용을 투자하는가? 먹고 놀고, 여행을 하는 데 드는 비용은 아끼지 않으면서 자기 개발하는 데 투자하는 것은 아까워하는 사람들이 많다.

성장하려는 기업들은 잘나가는 회사를 벤치마킹을 한다. 벤치마킹을 통해 자신의 기업을 더 성장시키기 위해서. 우리 매장은 존 커트 창시자의 아카데미 '본드컷트'를 벤치마킹하고 염모제로 유명한 '밀본'이라는 일본회사를 벤치마킹하였다. 직원들과 함께 더 성장하기 위해서. 직원들에게 동기부여를 하기 위해서.

서양인의 두상과 동양인의 두상은 다르다. 서양인의 두

상은 작고 볼록하고 입체적인 반면에 동양인 두상은 납작하고 밋밋해서 그 차이를 잘 이해하고 있어야 한다. 커트는 미용에 있어 기본적인 기술이다. 커트 형태가 잘 표현되어 있어야 펌이나 컬러도 더 돋보인다.

나는 일본으로 가서 여러 명의 강사들에게 커트를 배워왔다. 그중에서도 쉽고 빠르고 정확하게 커트하는 강사가 있었다. 내가 커트하는 방식과 똑같은 테크닉이었고, 이해할 수 있는 부분까지 일치하는 강사였다. 나는 그의 교육을 강사 코스까지 다 받았다. 강사들은 자신의 노하우를 절대 알려주지 않는다. 그러나 나는 나와 스킬이 같은 강사의 노하우가 한눈에 보였다. 강사가 커트하는 방식이면 어떻게 된다는 걸 알고 있었다.

일본을 오고 가면서 열심히 배웠다. 그러던 와중에 파트너들이나 디자이너들도 주에 한 번씩 커트를 가르쳐 주곤 했는데 직원들에게 확실한 동기부여를 하기 위해서 일본인 강사를 우리 매장에 초청하기로 마음먹었다. 그동안의 친분도 있었기 때문에 이메일로 정중하게 문의했다. 우리 직원들도 당신에게 교육을 받게 하고 싶은데 초청하려면 어떻게 하면 되는지.

다음 날 메일을 열어보니 항공료부터, 숙소, 식사, 교육비, 교육에 필요한 가발의 개수와 교육 중 지켜야 할 수칙 등이 적힌 답장이 와 있었다. 나는 직원들에게 존 커트에 대해서 교육도 해주고 있었기 때문에 그 조건을 까다롭게 받아들이지 않았다. 오직 직원들에게 동기부여가 되어서 함께 성장했으면 하는 바람뿐이었다.

강의를 받을 수 있는 날짜를 조율해 보니 7월이 적당했다. 직원들도 존 커트의 창시자에게 커트를 배운다는 영광을 얻었다며 무척 좋아했다. 직원들에겐 자신들이 필요한 가발만 구입하게 하고 나머지는 내가 전부 부담했다. 이틀 동안 매장 문을 닫고 직원들이 집중할 수 있게 계획을 잡았다.

교육하기 전날 강사를 픽업하기 위해서 공항으로 갔다. 너무 반가웠다. 우리 직원들의 교육 때문에 직접 방문했다는 것이 믿기지 않을 만큼 기뻤다. 보조강사 두 명도 동행했다.

호텔에 짐을 푼 강사는 매장으로 가서 직원들의 분위기를 보고 싶다고 했다. 매장에 미리 연락해놓고 강사를 매장으로 안내했다. 강사는 직원들을 보더니 "엑설런트"를 연발했다. 직원들과 악수도 나누며 얼굴을 익혔다.

다음 날, 통역의 간단한 강사 소개와 함께 교육이 시작되었고 외부인은 출입할 수 없었다. 직원 한 사람씩 맡아서 지도해주는 모습이 아름다웠다. 하나라도 더 알려주고 싶어서 애쓰는 모습 또한 감동적이었다.

그렇게 이틀에 걸쳐 교육이 잘 마무리되었고 일본 사람들이 좋아하는 김을 선물했더니 무척 좋아했다. 직원들에게도 기억에 남는 교육이었을 것이다. 직접 가서 배우면 200만 원이 넘는 교육을 시켜준 것에 대해 매우 감동했다.

매장과 직원의 성장을 위해서 투자를 할 땐 아낌이 없어야 한다. 그래야 직원들도 성장하려는 자신감이 생긴다.

우리 매장은 직원들이 입사하면 1년 교육프로그램을 이수해 미용사로 성장시키는 프로그램이 있다. 커트는 존 커트, 다다큐빅, 존앤섹션, 피카부를 벤치마킹을 하고 컬러는 로레알이나 밀본, 넘버쓰리. 두피는 심플리젠, 싸이뮤스킨과 히스테모 등 벤치마킹을 하고 모발 생리학 쪽으로는 쌍디모 코리아를 벤치마킹을 한다. 요즘 직원들은 자신이 다닐 매장에선 어떤 교육을 해주는지 자신을 성장시켜 줄 수 있는지 알아보고 입사를 한다. 그렇기 때문에 원장들은 직원들의 교육 부분에 많은 투자를 하고 있다.

시설보다 직원에게 투자하라

원장의 마인드는 동네 마인드가 아닌 글로벌 마인드가

되어야 한다. 어떤 원장들은 자신만 열심히 공부하러 다니고 직원들에게는 기술을 가르쳐 주지 않는다. 심지어 직원들을 노예처럼 부리려는 원장들도 있다. 원장들의 모임에서 보면 직원들을 대하는 마인드가 둘로 나뉜다. 직원에게 투자해야 한다는 마인드와 투자할 생각이 없는 마인드. 그래도 생각이 트인 원장들은 무조건 가르쳐야 한다고 생각한다. 단, 가르쳐주되 자기 개발을 위한 투자비용은 자신들이 부담해야 한다는 생각이었다.

2014년에 밀본이라는 회사에서 우리나라에서는 처음으로 주최하는, 미용사의 능력을 발휘할 수 있는 DA(Designer's Ability)가 열게 되었다. 미용사들의 상상력과 창의력을 표현할 수 있는 무대였다. 마치 자신이 스타가 된 것 같은 기분이 들게 한다. 우리 매장에서도 출전하기로 했다. 전국에서 112팀이 참가 신청을 했다. 우리는 79번째로 신청접수 되었다.

모델 섭외부터 메이크업, 의상, 신발, 컬러 등 디자인 콘셉트에 맞춰서 모든 것을 준비해야 했다. 출전하기 위해 많은 연습을 했다. 컬러는 콘셉트에 맞게 미리 시술해서 가고 커트라인도 적당하게 커트를 했다. 출전하는 당일은 매장 문을 닫고 서울로 올라갔다. 출전하는 직원을 응원해주기 위해 다른 직원들도 모두 동행했다. 4시간 반을 버스를 타고 서울에 도착했다.

전국 여러 매장에서 출전을 했지만 부산에서는 우리 매장뿐이었다. 직원들에게 부담을 주지 않으려고 실수만 하지 말고 편안하게 하라고 격려해 주었다. 나는 그 전 해에 갤러리로 참석해 봐서 어떻게 돌아가는 대충은 알고 있었기에 크게 부담은 없었다.

대회 시작 전 선수와 모델 그리고 심사위원들의 동선과 워킹 등을 체크하기 위한 리허설이 시작되었다.

30분 정도 리허설이 끝나고 자신의 번호가 있는 자리에서 대회준비를 했다. 전국의 미용인들이 모이는 자리이다 보니 SNS를 통해서 나를 본 미용인들이 응원해 주었다. 갤러리들에게 많은 표를 얻은 참가자가 상을 받는 대회이다 보니 그들의 응원이 큰 힘이 되었다.

심사위원으로는 (피카부)다카사와마츠히코부사장, (아쿠아) 아이노코유지 타케치오, 이철 대표, 김정곤 대표 그리고 고형욱 원장 등이었다. 직원들은 TV나 잡지 그리고 미용인 책에서만 봤던 사람들을 직접 보니 신기해했다.

1시간 안에 커트부터 스타일링과 메이크업까지 완성하고 나면 심사위원들이 채점을 한다. 갤러리들은 특이한 컬러나 창의력 돋보이는 커트가 있으면 유심히 관찰하고 콘셉트와 맞는지 확인도 하면서 질문을 하기도 한다. 갤러리들이 투표를 하고 나면 수상자를 발표한다.

그날 우리는 수상은 하지 못했다, 하지만 직원들에게 시야를 넓힐 수 있는 좋은 경험을 주었다고 자부한다. 그 대회는 우리나라에서 처음 하는 행사였고, 우리는 부산에서 처음으로 참가한 미용실이 되었다. 매장의 이름을 전국에서 다 알 정도였으니 직원들은 얼마나 기분이 좋았을까. 우리 매장의 직원이라는 게 자랑스러웠을 것이다. 좋아하는 직원들을 보며 앞으로도 더 많은 기회를 만들어야겠다는 생각이 들었다.

직원들에게 CS가 필요하다

자신이 좋아하는 일을 하는 사람은
누구나 열정과 에너지를 그것에 쏟아붓는다.
자신이 진정으로 하고 싶은 일을 찾아 하는 것
그것이 가장 중요한 일이다.

노반 빈센트 필

같은 듯 다른 서비스

나는 종종 다른 매장에서 시술을 받아 보곤 한다. 그 매장의 느낌이나 분위기 그리고 고객을 대하는 것을 보기 위해 손님으로 가장해서 방문한다.

한번은 고객이 우리 매장에 와서 시술을 받으면서 다른 매장 자랑을 했다. 샴푸의자가 너무 편하고 샴푸를 너무 시원하게 한다며 우리 직원에게 이야기했다. 나는 엿듣고 있다가 고객에게 다가가서 물었다.

"고객님이 말씀하시는 미용실이 어디예요? 저도 한번 가서 받아보고 싶네요. 우리도 샴푸의자를 교체할 때가 됐는데 한번 가봐야겠어요."

고객은 조금 머뭇거리다가 위치를 가르쳐주었다.

며칠 후, 나는 그 매장에 방문했다. 모든 게 그저 평범했다. 나는 샴푸실로 안내받았다. 샴푸의자는 앉으면 전동으로 움직이는 보통의 것이었다. 샴푸도 실습사원들이 하는 일반 샴푸였다. 시원한 느낌도 모르겠고 실습사원들이 해주는 그냥 샴푸인데 그 고객은 왜 좋다고 했을까? 우리와 다를 것이 없는데 왜? 나는 의문을 품은 채 그 매장을 나섰다.

호칭이 첫인상을 좌우한다

지인의 소개로 피부과를 가게 되었다. 물어물어 찾아갔는데 대기 고객들이 많았다. 고객들의 연령대를 보니 나이가 많아 보였다.

한참을 기다리다가 내 차례가 되어 원장실로 들어가서 상담을 받았다.

"○○ 씨의 소개로 왔습니다."

원장은 반가운 표정을 지으며 입을 열었다.

"어머니는 어떤 고민으로 방문하셨나요?"

나는 '어머니'라는 말을 듣는 순간 기분이 상당히 나빴다. 고객을 어머니라고 부르다니! 가만히 생각해보니 고객들 연령대가 거의 60대 이상이었다. 그는 고객들에게 친근감을 줄려고 어머니라는 호칭을 쓰는 모양이었다.

상담을 마치고 로비에 앉아서 로비를 둘러보았다. 로비에 슬로건이 붙어 있었다.

"고객을 가족처럼!"

연세가 있으신 고객은 모르겠으나 아무리 그래도 그렇지 어머니라는 호칭을 모든 고객에게 쓴다는 것은 융통성이 부족한 처사다. 고객의 입장에서 생각을 해보지 않은 것이다. 정말 두 번 다시 가고 싶지 않은 곳이었다. 내가 고객의 입장이 되어서 들어 보니 불쾌하기 짝이 없었다. 내가 고객의 입장이 되어 봐야 고칠 수 있는 부분이다. 내가 피부과 원장에게 "아버님"이라고 불렀으면 그의 기분은 어땠을까? 내가 그때 느꼈던 것은 말의 내용도 중요하지만 호칭 역시 그에 못지않게 중요하다는 것이었다.

예전에는 미용실에서 고객을 언니로 호칭했던 시절도 있었다. 그 시절은 남자 미용사가 많지 않은 시절이었다. 남자 직원들도 고객을 언니라고 불렀다. 약간의 애교가 섞인 것처럼 언니라는 호칭이 유행했다. 그래서 그 시절 남자 미용사들은 여자 같다는 말을 많이 들었다. 그 대신 남자 미용사들이 얼마나 고객들에게 인기가 있었는지 모른다. 여자 고객들이 줄을 설 정도였다.

한편으론 미용이라는 직업은 남자들이 하면 안 되는 것처럼 여겨졌었다. 지금은 미용이라는 직업을 가진 사람들을 좋게 보는 사람들이 많다. 그만큼 인식의 변화가 오면서 언니가 아닌 고객이라는 호칭을 쓴다. 모든 사람이 대접받는 듯한 고객이란 단어가 얼마나 좋은가.

롤 플레이를 통한 서비스교육

고객 서비스교육을 CS교육이라고 한다. 직원이 여러 명 있는 매장들은 직원들에게 CS교육을 시킨다. 이것은 사람을 상대하는 업종에선 빼놓을 수 없다.

원장들은 서비스멘트와 고객만족을 시킬 수 있는 서비스교육을 위해 투자를 한다. 인사하는 것부터 자리 안내, 멘트, 손동작, 표정, 옷차림 등에 대한 교육은 한번으로 결과가 나오지 않는다. 여러 번에 걸쳐 교육하고 롤 플레이를 하면서 해도 습관이 되기까지 시간이 걸린다.

고객이 매장에 들어섰을 때, 진심어린 멘트가 들려오면 얼마나 기분이 좋을까? 백화점 오픈시간에 맞춰서 가보면 그 기분을 이해할 수 있을 것이다. 입구에 들어서면 마치 내가 백화점에 사장이 된 느낌이 들게 한다. 직원들의 90도 각도의 정중한 인사는 고객을 기분 좋게 만들어 준다. 기분 좋은 마음이 들어야 고객들도 지갑을 연다.

매장의 오너들은 어떻게 해야 고객을 만족 시킬지를 늘 고민한다. 그래서 나는 각종 매장들을 들를 때도 그냥 지나치는 법이 없다. 사소한 것 하나라도 눈여겨보고, 비교해보고, 나라면 어떻게 할까를 생각한다.

교육은 아무리 많이 해도 지나치지 않는다. 직원 자신이 주인이라는 생각을 갖고 고객을 대하면 그 마음이 전해지게 마련이다.

매니저가 없이 미용사들이 안내하는 매장들은 안내 멘트가 통일이 되지 않는다. 통일이 되다가도 직원이 바뀌거나 하면 그 사람만의 멘트가 나온다. 한번 입에 밴 습관은 고치기가 쉽지 않다. 여러 번의 롤 플레이를 통해서 고객의 입장이 되어 보는 교육을 반복하다 보면 스스로 서비스 정신이 몸에 밸 것이다.

직원의 가치가 매장의 가치이다

상대를 믿어라.
그러면 그들도 우리를 진실되게 대할 것이다.
상대가 위대한 사람인 것처럼 대우하라. 그러면 그들은 자신이
위대한 사람이라는 사실을 입증할 것이다.

랄프 왈도 애머슨

우리만의 독창적인 색깔을 만들어라

자신의 가치를 높이려면 어떻게 해야 할까? 여러 브랜드샵이나 개인 살롱들이 있다. 그 매장들의 인지도가 바로 그 가치일 것이다.

가치란 자신이 누구인지를 알고 자신만의 독특한 그 무엇을 만들어 내는 것을 말한다. 그 누구라도 알아볼 수 있도록 강한 인상과 능력을 가지고 있어야 한다. 한마디로 자신의 독창성을 만들어 내야 한다. 내가 무엇을 갖고 있고, 어떻게 하면 잘할 수 있는가에 대한 나름대로의 분석이 필요하다. 매장의 오너들은 다른 매장들과 차별화를 두고 자신들의 스타일을 연구하려고 한다. 커트를 잘 한다든지, 펌이 끝내

준다든지 하는 자신의 매장만의 색깔을 갖고 싶어 한다. 그래서 어떤 매장들은 그해의 트렌드 스타일이라고 내세워가면서 고객을 유혹한다. 그리고 매장에서 추구하는 트렌드 스타일을 직원들이 똑같이 할 수 있도록 직원들을 트레이닝한다. 남이 따라 할 수 없도록 우리 매장만의 독창적인 스타일을 창조하려고 많은 노력과 교육을 한다. 이름 알려진 원장들은 자기 매장만의 스타일을 직원들에게 교육한다. 그것은 자신의 가치를 높여줄 뿐 아니라 매장의 이미지를 올려준다. 미용사들은 자신이 다니는 매장이 인지도가 있기를 바랄 것이다. 그 매장에서 일하는 것이 자부심이 되기를 원하는 것이다.

다양한 도전의 기회를 놓치지 말 것

부산에서 처음으로 패션워크를 한다는 소식을 들었다. 모델들의 헤어를 협찬 받을 만한 미용실도 찾는다는 이야기도 들었다. 나는 매장을 알리고 싶은 욕심이 생겼다. 직원들에게 좋은 경험도 하게 해주고 싶어서 협찬하기로 했다.

패션워크 날짜가 다가오자 직원들 분위기는 아주 활기찼다. 시키지도 않았는데 자신들이 알아서 계획을 짜 나에게 알려주는 모습들이 신선했다. 직원들은 3인 1조를 짜서 하루 하루 번갈아가면서 협찬하기로 했다.

헤어 협찬은 준비할 것도 많다. 세팅기부터 드라이기, 스프레이, 실핀, 아이롱기 등 챙겨갈 것이 많다.

패션워크는 모델들과 연예인들도 참석한다. 무대 뒤는 복잡하면서 아주 바쁘게 돌아간다. 그 많은 모델들의 머리를 치장해주는 것은 아주 긴장되는 일이다. 아직 경험이 많지 않은 직원들을 하나하나 가르치고 경험을 쌓게 해주려다 보니 나 역시 힘에 부쳤다. 하지만 직원들과 매장을 위해서 하는 일이라서 피곤한 줄 모르고 해냈었다. 언제 또 이런 기회가 올 수 있겠는가? 지방에서는 이런 기회가 흔치 않다. 무엇이든 기회가 왔을 때 잡아야 한다. 모델의 헤어를 장식해주는 일은 아주 색다른 경험이었다. 직원들 역시 자신을 위한 일이고 미래를 위한 일이기에 힘든 줄 모르고 열심히 했다.

연습 또 연습

한때 김남주의 물결펌이 유행을 했었다. 청담동은 트렌드의 중심이다. 물결펌은 3story에서 2007년 자체적으로 발표된 작품이다. 물결펌은 2010년부터 유행의 흐름을 타기 시작했다. 물결펌은 그전에 히트를 쳤던 일본풍의 아주 가벼운 샤기 스타일에 대중들이 슬슬 지겨움을 느끼면서 시작됐다. 무게감 있는 원랭스(단발) 스타일이 유행한 것이다. 다양한 길이의 원랭스 컷 안에서 다양한 느낌의 컬들이 시도됐다. 그러다가 한 결로 흐르는 물결 웨이브가 대중들에게 인기를 끌었다. 물결펌은 매우 여성스러워 보이고 그 시대의 패션 스타일과도 잘 매치되고 캐주얼한 스타일에도 잘 어울리는 컨템포러리한 매력을 가지고 있다.

스타일에 있어서 자유롭고 여성스러운 분위기가 있으면서 시크한 감성을 지닌 여성들에게 인기가 많았다.

경력이 오래된 미용사들은 어떻게든 스타일을 만들어내는데, 경력이 짧은 미용사들은 드라이를 한 스타일이라며 고객들에게 다른 스타일을 유도했다.

새로 유행하는 펌이나 스타일이 나오면 나는 직원들에게 이론적인 것을 알려준다. 이론적으로 알려줘도 실제로 해보지 않으면 소용없다.

원장이 알 수 있는 것도 한계가 있다. 김남주의 물결펌을 유행시킨 미용사의 노하우라든지 펌의 시간, 뜸을 들이는 시간 등을 자세히 알아야 하기 때문에 나는 서울에 유명하다는 미용실에 찾아다니면서 노하우와 원리를 배워오기도 한다. 같은 물결펌이라도 자신에게 맞는 물결펌이 있기 마련이라서 여러 종류의 물결펌을 응용해야 했다.

나는 늦은 시간까지 며칠을 연습하고 또 해보고 안 되면 무엇 때문에 안 되는지 생각하고 생각해서 다시 해보는 반복적인 연습을 통해 터득한다. 터득한 방법을 전 직원들에게 다시 공유한다. 공유하면서 기술적으로 더 추가할 아이디어를 서로 나눈다. 나는 이런 노력들을 통해 다른 매장에 뒤처지지 않도록, 미용사 자신이 잘 해낼 수 있도록 이끌어 나가려는 마음뿐이다.

미용사는 모두 1인 기업의 대표이다

지금은 미용실을 운영하지만 나 역시 직원으로 일했던 적이 있다. 미용사는 매출로 실력을 인정받는다. 나는 최선을 다하는 것이 나 자신과 매장을 위하는 일이라는 것을 알기에 열심히 일했다.

나의 콘셉트는 신비주의였다. 나의 직업이 미용이기도 하지만 난 내 자신을 꾸미는 것을 아주 좋아한다. 그렇다고 사치는 부리지 않는다. 그것도 동안이란 소리를 들었기 때문에 가능했다. 고객들에게 나를 궁금해하게 만들었다. 다음에 찾아오게 하는 하나의 방법인 것이다. 나이부터 결혼 여부 등 모든 것을 궁금해했다. 그래서 나를 찾는 고객들이 많았다.

여러 명의 미용사가 있으면 열심히 하는 사람이 있는 반면에 그럭저럭 대충 하는 사람도 있다.

직장에서 하는 일은 남의 일이 아니다. 자신을 지명해 주는 고객이 많으면 자신의 가치가 올라간다는 것을 모르는 걸까?

나는 직원으로 있을 때 어떻게 하면 고객이 나를 기억해 줄 수 있을까를 생각했고, 거기에 맞는 기술을 익히려고 노력을 했다. 노력한 만큼에 대가가 따라오면 여유롭게 일할 수 있게 된다. 자신이 잘하지 못하면 잘하는 사람을 따라하 면 된다.

미용사는 프리랜서다. 1인 사업가인 것이다. 자기 자신 이 사업가란 걸 인식하지 못하고 3개월 보조금을 받고 일하 다가 매출이 안 오르면 다른 매장으로 이직할 생각을 많이 한다.

이직하는 것보다 그 매장에서 열심히 노력해서 자신을 알려서 고객을 확보하는 것이 훨씬 쉽다. 이직을 한다고 이

직한 매장에서 잘할 것 같은가? 절대 그렇지 않다. 시간이 가면 갈수록 근무할 수 있는 기간이 더 짧아지고, 결국은 자신의 마음을 못 잡고 미용을 그만두는 경우도 많이 본다. 이리저리 옮겨 다닌다고 기술이 느는 것은 아니다. 한자리에서 뿌리를 내리면서 자신의 경험과 실력을 쌓아야 하고 자기 개발하는 데 투자를 해야 기술의 깊이가 쌓여 자신의 가치를 올릴 수 있다. 자신의 가치는 곧 매장의 가치이기 때문이다.

직원이 웃어야 고객도 웃는다

나는 선한 사람을 선하게 대한다.
선하지 않아도 선하게 대함으로써 선을 얻는다.
나는 미더운 사람을 미덥게 대한다. 미덥지 않은 이도
미덥게 대함으로써 미더움을 얻는다.

-노자 [도덕경]

유행보다는 개인의 장점을 살리는 것이 중요하다

옷과 신발, 가방, 액세서리 등 다양한 패션 아이템들은 해마다 유행이 변한다. 헤어스타일 역시 해마다 트렌드가 변한다. 기분전환과 새로운 분위기 연출을 위해 주기적으로 패션 아이템에 변화를 주는 사람들도 많다.

하지만 헤어는 옷과 신발, 액세서리와 다르게 한 번 스타일을 완성하면 한동안 변화를 주기 어렵다. 그래서 나와 잘 어울리는 스타일을 만드는 데 초점을 맞추어야 한다. 같은 펌과 컬러라 할지라도 제 각각의 얼굴형과 모발 상태에 따라 조금씩 다르게 연출된다. 고객들이 가고 싶은 미용실은 자신에게 어울리는 스타일을 잘 맞춰주는 곳일 것이다. 아무리 서비스가 좋아도 매번 실망한다면 다시는 찾지 않을 것이다.

고객 만족의 두 가지 유형

미용사를 고용하다 보면 스타일과 성격, 취향들이 다양하다. 내가 고용했던 두 명의 미용사가 기억에 남는다. 둘 다 실력 있는 미용사였다.

한 명은 고객들이 인정하고 신뢰를 받는 미용사였고, 한 명은 실력은 인정하지만 고객들이 못미더워하는 경우가 종종 있었다.

첫 번째 미용사는 무엇이든지 고객의 입장에서 상담하고 생각해주는 미용사였다. 고객들은 펌 시술을 받고 한 달 반이나 두 달이면 펌을 다시 해야 한다고 생각을 한다. 고객이 펌을 해야 되냐고 물으면 아직 안 해도 된다고 돌려보내는 미용사였다. 순수하게 고객의 입장만을 생각하는 특성이 강한 미용사였다.

두 번째 미용사는 고객이 펌을 해야 할 것 같으냐고 물으면 무조건 해야 할 것 같다고 말하는 미용사였다. 고객 입장에서는 첫 번째 미용사가 양심 있고 신뢰를 받는다고 생각한다. 하지만 사람은 여러 가지 마음을 가지고 있다. 자신의 매출과 수익을 올리기 위한 일이라면 당신은 어떻게 하겠는가?

어느 날 여성 고객이 블로그를 보고 첫 번째 미용사에게 펌을 하러 왔다. 상담하는 내용을 들어보니 그 고객은 웨이브가 많은 펌을 좋아하는 고객이었다. 그런데 나이가 어렸던 첫 번째 미용사는 지금 헤어스타일에도 웨이브가 충분히 많이 있다면서 펌 대신 염색을 권했다.

고객이 펌을 원하는데도 불구하고 고객의 고집을 꺾어가며 염색을 해보라고 설득을 하고 있었다. 상담 시간도 꽤 오래 걸렸다. 고객의 고민이 깊어졌다.

그 고객은 염색을 하지 않은 모발이었기 때문에 비싼 펌보다는 염색을 하면 스타일 훨씬 좋아 보일 수도 있을 것이라는 미용사의 생각도 일리는 있었다.

고객은 고민 끝에 염색할 것을 결정했다. 나는 그 고객이 매장을 다시 찾지 않을 것이라는 직감이 들었다. 미용사는 염색으로 스타일을 바꾸어주면, 고객이 만족해서 시간이 지나 펌을 하러 올 것이라 생각을 했을 것이다. 하지만 고객을 상담했을 때 고객의 성향이나 심리를 파악할 줄 알아야 한다. 그 고객은 미용사의 고집에 차마 다시 나가지도 못하고 그냥 해보자는 식으로 넘어가준 것이었다.

미용사는 신이 나서 정성을 다해 염색 시술을 했다. 나는 고객의 표정을 살피며 마음을 졸이고 있었다. 하지만 미용사는 그런 눈치를 전혀 알아차리지 못했다. 만약 그 고객이 원하는 펌 시술을 만족스럽게 해주고 다음에 또 방문했을 때 염색 제안을 했더라면 그 고객은 단골 고객이 되었을 것이다.

마무리를 다하고 미용사는 염색이 잘 어울린다며 매우 만족스러워 했다. 고객은 웃으며 계산하고 나갔지만 그 이후로는 다시 볼 수 없었다. 나는 미용사에게 피드백을 해줬다.

"오늘 염색시술로 유도해서 한 것 잘했어요. 하지만 고객이 제일 하고 싶은 것을 만족시켜줬으면 더 좋았을 것 같아요."

그 고객은 당장 내일이라도 다른 미용실로 펌을 하러 갈 고객이었다. 이 경우에는 고객 입장에서 생각하는 것이 도가 넘은 경우였다. 미용사가 고객에게 어울릴 것 같다고 생각하는 스타일이 분명히 있다. 하지만 이런 제안은 고객과의 신뢰가 쌓였을 때나 가능한 이야기이다.

고객과 미용사 사이에 신뢰가 쌓이려면 최소 3번은 시술받고 만족을 해야 한다. 신규 고객과 한 번의 시술로 신뢰 쌓기는 오랜 경험과 내공이 있어야 가능하다.

두 번째 미용사는 고객이 "펌을 해야 할까요?"라고 물으면 "오늘 시술하세요."라고 말하는 미용사다. 고객들은 선택 장애를 조금씩 가지고 있다. 물건을 사더라도 이리저리 비교는 잘하는데 막상 사려고 할 때 망설인다.

고객이 망설이고 있을 때, 미용사가 "좀 더 있다가 하셔도 되지만 시간 내기 힘드시면 오신 김에 하세요."라고 결정을 내려 주는 것이다. 이렇게 이야기해주면 고객 입장에서는 결정이 쉬워진다. 이것 역시 고객을 생각하면서 제안하는 것이다. 잘못 오해하면 고객을 돈으로 보는 게 아닐까? 하는 생각을 들 수 있다. 하지만 고객의 시간을 소중하게 생각해 주는 미용사의 배려가 들어가 있다. 고객의 심리적 타이밍을 잘 이용한 것이다. 결국은 고객도 만족하는 시술이 될 것이다.

서비스업에서 웃는 것은 정말 중요하다. 웃는 얼굴에 침 못 뱉는다는 말이 괜히 생겨난 것이 아니다. 매장의 직원이 생글생글 웃으며 일하는데 고객들이 불쾌할 이유가 있을까. 미용은 사람을 상대하는 일이다. 하루 종일 웃는 얼굴로 고객을 맞이하는 것은 프로정신이 없다면 분명 힘든 일이다. 일하면서 즐길 수 있는 작은 이벤트나 서로를 응원하기 위한 시간은 일하는 데 큰 힘이 된다.

매년 10월 31일이 다가오면 매장에서는 할로윈 축제를 준비한다. 할로윈 데이는 괴상한 복장을 하고 이웃집에 돌아다니면 음식을 얻어먹는 고대 캘트 민족의 풍습이다.

할로윈 축제 기간은 일주일 정도이다. 직원들 각자가 특이한 복장을 하고 일주일 동안 고객을 맞이한다. 매장의 분위기도 싹 바꿔놓는다. 들어오는 입구부터 소름이 끼칠 정도의 장식을 해놓는다. 드라큘라, 처녀귀신, 할리퀸, 조커, 가오나시 등 서로 보고 놀라서 웃을 수 있을 정도로 분장을 하고 고객을 맞는다. 방문 고객들에게 호박에 담긴 사탕을 나누어 주기도 한다.

직원들은 아이들처럼 신나서 어쩔 줄 모른다. 일주일 동안 매일 분장을 바꿔가면서 재미있게 일한다. 고객들도 미용실에서 처음 접하는 축제라며 즐거워한다.

직원들의 좋은 기분이 고객에게 그대로 전해지기 때문에 으스스한 분위기의 매장이지만 화기애애하다. 함께 웃을 수 있고, 함께 행복할 수 있는 것처럼 좋은 일이 어디 있겠는가. 행복해서 웃는 게 아니라 웃어서 행복한 것이다. 웃으면 행복이 따라오는 것처럼 미소 띤 얼굴로 고객을 맞이한다면 고객 또한 미소로 대답해 줄 것이다.

미용실의 첫 번째 고객은 직원이다

누군가는 성공하고 누군가는 실수할 수 있다.
하지만 이런 차이에 너무 집착하지 마라.
타인과 함께 타인을 통해서 협력할 때
비로소 위대한 것이 탄생한다.
생텍쥐페리

직원을 구합니다

매장을 운영하는 데 있어 직원 채용은 가장 힘든 일 중의 하나이다. 요즘 사회적 분위기까지 좋지 않아서 구인구직 광고를 해도 직원을 쉽게 구할 수가 없다. 기술 배우기까지 시간이 오래 걸린다는 이유에서 젊은 친구들이 미용 일을 하지 않으려 한다. 미용사 자격증을 따려고 하는 사람은 많은데 취업을 하려는 사람은 많지 않으니 아이러니한 일이다. 어떤 원장들은 자기 직업 자부심이 없고 노동으로만 생각해서 3D 직종 운운하면서 분위기를 더 흐려 놓는다.

미용을 시작한 사람들은 미용 구인구직 사이트를 통해서 취업을 하거나, 매장에 걸린 구인광고 현수막을 보고 취업을 한다. 사이트에 오픈 매장이라는 광고를 하면 많은 미용인들이 면접 신청을 한다. 오픈 매장으로 면접이 많이 몰리는 이유는 아직 체계가 잡혀 있지 않기 때문에 직원들의 텃세도 없고 경력이 많든 적든 똑같은 입장에서 출발하기 때문이다. 채용된 순서대로 고객 받는 순서도 정해진다.

한번은 내가 아는 원장이 직원이 구해지지 않아 내게 하소연을 했다. 현재 어디에다 구인광고를 내느냐 물었더니 잡코리아나 알바몬, 헤어인잡 등의 온라인 사이트들을 말했다. 이것들은 주로 다른 여러 직종의 구인구직 사이트들이다.

미용에 관련한 구인구직은 미용전문 사이트를 이용하는 것이 좋다. 미용전문 구직사이트는 경쟁이 심하다. 미끼 글을 올리는 경우도 많이 있어 미용 질서가 많이 흐려졌다.

이러한 과도한 경쟁 때문에 미용사들이 기술적인 면보다 돈을 먼저 생각하게 되어버렸다. 일하는 시간을 줄이고 급여를 많이 받는 것은 당연히 좋은 일일 것이다. 하지만 그런 대접을 받을 수 있는 기술과 내공을 갖추려면 10년 정도는 기술은 쌓아야 가능한 일이다. 경력과 기술은 안 되는데 돈만 많이 준다고 취업해서 두세 달 다니다가 퇴사하는 경우가 대다수다. 돈을 그냥 많이 주겠는가?

우리 매장에 지원하면 면접 질문서라는 것을 작성하게

된다. 인적사항이나 경력, 취미, 생활환경과 미용에 대해 견해, 받고 싶은 급여 등을 적는다.

나는 면접을 볼 때 이전 매장에서는 얼마 동안 근무했는지, 무엇 때문에 퇴사하게 되었는지, 그동안의 경력을 가장 중요하게 본다. 학력, 스펙은 보지 않는다.

사람마다 장단점은 있기 마련이다. 하지만 간절해서 지원하는 사람과 그냥 기왕에 배웠으니까 미용을 하는 사람과는 차이가 날 수밖에 없다.

면접 질문서를 작성을 하면 경력에 맞는 레벨 테스트를 거쳐서 채용하게 된다. 경력자들은 기술적인 것을 테스트 한다. 가발에 커트를 하는 것으로 테스트를 보게 되는데, 경력이 많을수록 까다롭다. 경력에 맞게 커트되었는지, 밸런스는 맞는지, 디자인은 잘 나왔는지, 자세는 괜찮은지 등을 체크하고 합격 여부를 전화로 알려준다.

처음부터 레벨 테스트를 한 것은 아니다. 면접 질문서에 쓴 경력이 거의 대부분 엉터리라서 확인의 필요성을 느껴 시작하게 되었다. 질문서에 적힌 대로 믿고 채용했다가 고객에게 불만을 듣는 경우가 많았었다. 그래서 시행착오를 겪지 않기 위해서 테스트를 하게 된 것이다.

기술이 재산이라는 신념

요즘은 미용고등학교 그리고 대학교도 미용과가 있다. 지금도 나는 이해가 안 된다. 고등학교 3년 대학은 2년제, 4년제가 있지만 2년제로 치고 총 5년 동안이나 미용 관련된 공부를 한다. 그렇게 5년에서 7년을 배우고 나와 미용실에 취업하면 겨우 고객들의 머리를 감긴다.

대학에는 실전 경력이 있는 분들이 대부분 교수로 있다. 그런데도 불구하고 이론적으로는 잘 가르치지만 실전기술을 가르치는 면에서는 많이 부족하다.

대학에서는 방학이 되면 학점과 연결되어 있기 때문에 매장으로 실습을 보낸다. 실습이 무엇인가? 기술을 실습할 수 있게 제공해주는 것인데 실습 비용을 받고 나온다. 그것도 초급 직원의 월급만큼 받고 나온다. 본인들에게 실습 공간을 제공하는데 돈까지 줘야 하다니 참으로 어이없는 일이다. 나는 기술을 배우려면 실전에서 배워야 한다는 생각이다. 그래야 많은 경험을 쌓을 수 있고 빨리 기술자가 될 수 있기 때문이다.

나도 기술을 한참 배우는 시기에 면접을 보러 다닌 경험이 있다. 그 시절에는 지금처럼 인터넷이 없었기 때문에 재료상을 통해서 취업을 할 수 있었다.

그때는 재미있게 기술을 배운 것 같다. 20살에 취업해서 3년 동안 기술을 배우고 매장을 오픈했으니까 다른 사람들에 비해 빠르게 배운 셈이다.

지금은 내가 배울 때와 시대가 많이 변했다. 미용사가 되는 데 걸리는 시간도 많이 단축됐고 급여도 많이 상승했다. 교육에 질도 높아졌고 좋은 환경에서 기술을 배운다. 이렇게 좋은 환경에서 배우는데 기술이 늘지 않는다는 것은 노력이 부족해서가 아닐까?

원장들이 모이면 서로 묻는다.

"원장님은 월급 얼마 받으면서 배우셨어요?"

그러면 누구는 7만 원을 받았으니, 누구는 15만 원 받아가면서 기술을 배웠다고 한다. 나는 7만 원을 받으면서 기술을 배웠다. 요즘 직원들의 문제는 월급은 많이 올랐는데 월급만큼의 노력이나 일을 안 한다는 것이다. 내가 처음 배울 때는 월급이 적다 보니 고객들에게 친절하게 대해서 팁이라도 받아야 군것질이라도 할 수 있었다. 기술자가 되어야 돈을 많이 벌 수 있으니까 악착같이 배운 것이었다.

나는 쉬는 날이 다가오는 것이 더 걱정이었다. 한 달 월급으로 한 달 쓸 토큰을 사고 나면 여윳돈이 없기 때문이었다. 쉬지 않고 배웠다. 어쩔 수 없었다. 월급이 적으니 쉬는 날은 집에 가야 하는데 교통비를 하기도 빠듯한 돈이었다. 그래서 쉬면 뭐하겠나 싶어서 쉬지 않고 기술을 배웠다. 지금처럼 커리큘럼이 있는 것도 아니고 오로지 어깨 너머 기술을 배웠다. 휴무에도 나와서 연습하라는 원장의 말에 눈물이 날 정도로 감사했다. 원장이 칭찬이라도 해주는 날은 하늘을 나는 기분이었다. 요즘 미용을 배우는 젊은 친구들은 상상도 못할 일이다.

직원도 고객이다

미용실의 미용사가 자주 바뀌는 것은 결코 좋은 것이 아니다. 고객들은 대개 미용사를 보고 방문하는데, 그가 퇴사해 버리면 고객은 불안해한다. 자신의 머리를 믿고 맡길 곳이 사라졌다고 생각한다. 고객들은 원장이 야박하게 굴어서 직원들이 못 견디고 그만둔 거라고 생각하기 쉽다. 하지만 그런 것은 결코 아니다. 원장 입장에서는 직원들이 오래 있어 주면 고마울 따름이다.

스스로 기술이 부족하다고 생각되면, 원장을 못살게 굴어야 한다. 더 많이, 더 자세히 가르쳐 달라고. 요즘의 젊은 친구들은 인성도 인성이지만 인내력이 많이 부족하다. 참아가면서 기술을 배우려고 하면 되는데 그렇지가 못하다. 한 사람을 기술자로 키워내는 것에는 정말 많은 노력과 정성을 쏟아야 가능하다.

직원은 정말 잘 채용해야 한다. 직원은 매장의 얼굴이다. 제대로 된 인성과 긍정적인 마인드를 가진 사람을 채용하는 것이 가장 이상적이다. 그래야 서로 협동해서 활기찬 매장을 만들 수 있다. 부정적이고 인격이 안 되는 직원을 억지로 끌고 갈 필요도 없다. DNA는 결코 바뀌지 않는다. 부모도 못 바꾸는 걸 어떻게 원장이 바꿀 수 있겠는가. 에너지 넘치고 긍정적인 마인드 가진 직원이 최상의 직원이고 매장의 첫 번째 고객이다.

3장
출 근 하 고
싶은 매장을
만 들 어 라

당신의 꿈은 무엇입니까? 미
용을 좋아합니까? 미용이란
직업을 사랑합니까? 내가 하
는 일을 좋아하고, 잘해나간
다고 느낀다면 그것은 노동이
아니다. 즐겁고 보람 있는 놀
이일 것이다.

자신의 장점을 활용할 수 있는 문화 만들기

우리 회사의 최우선 순위는 직원들입니다.
직원들이야 말로 회사의 열정을 고객에게 전달할 책임을 지는
사람들이니까요. 그 다음 우선순위는 고객 만족입니다.

하워드 슐츠[스타벅스 회장]

독서를 통한 생각 나누기

미용실에는 다양한 재주를 가진 미용인들이 있다. 어떤 사람은 마케팅을 잘하고, 어떤 사람은 기술과 눈썰미가 있고, 어떤 사람은 트렌드를 보는 세련됨이 있고, 어떤 사람은 사람을 편하게 만드는 매력을 가지고 있다. 서로의 다름을 인정하고, 동료들의 의욕을 저하시키거나 매장 전체의 분위기를 흐려서는 안 된다. 매장은 일하는 문화공간이 되어야 한다. 화합된 모습으로 즐겁게 일해야 고객들에게 그대로 전달된다.

미용실은 다양한 고객들이 방문하고, 다양한 성격을 가진 미용인들이 함께하기에 서로 어우러지면 매우 즐거울 것이다. 혼자만의 독단적인 행동이나 자신의 고집만을 앞세운

다면, 그것은 스스로의 단점을 드러내는 격이 된다. 나의 장점을 더욱 살리고, 단점을 보완하고 개발하는 데 게을리해서는 안 된다. 인간은 혼자의 힘으로 할 수 있는 일이 많지 않기 때문에 서로 협력할 때 자신의 능력 또한 충분히 빛을 발휘할 수 있다.

한창 내가 책을 많이 읽었을 때의 일이다. 동기부여에 관한 책을 읽고 있었는데 우리 직원들에게도 꼭 필요한 내용이라고 판단되었다. 그래서 미용실에서 직원들의 마인드십과 열린 사고를 심어주기 위해서 독서 토론을 시작했다.

그 달의 추천 도서를 선정해서 읽고, 자신의 생각을 발표하고 느낀 점을 토론한다. 따뜻한 차 한 잔과 함께 한 달 동안 읽었던 내용을 가지고 각자의 생각을 발표한다. 토론할 도서를 선정할 때에는 주로 읽기 쉬운 것부터 추천한다. 아직 독서 습관이 없는 친구들이 어려운 도서부터 읽기 시작하면 흥미를 잃고, 읽다가 접어둘 수 있기 때문이다. 쉬운 책 중에 서비스 관련 도서나 자기개발 도서, 성공에 관한 내용이 들어있는 것으로 골랐다.

대부분의 사람들은 한 사람씩 나와서 이야기 하는 것을 부담스럽게 생각한다. 독서 토론을 하면은 한 달에 한 번씩 여러 사람 앞에서 말을 할 수 있는 기회가 생긴다. 그 기회가 쌓이게 되면 사람들 앞에 서서 말하는 것에 익숙해질 것이다. 시간이 지나 후배들을 가르칠 수 있는 기회가 생긴다면 능숙한 말솜씨를 뽐낼 수 있는 것이다.

독서 토론은 서로 여러 가지 생각과 의견을 나눌 수 있어서 좋다. 같은 책을 읽더라도 사람마다 받아들이는 것이 다르기 때문에 여러 가지 관점에서 생각할 기회를 가질 수 있다.

독서토론을 하다보면 생각하지 못했던 것을 이끌어내는 직원도 있고, 책 읽는 재미를 깨닫게 됐다는 직원도 있고, 토론 전에 부랴부랴 읽고 참석하는 직원 등 참 다양하다. 독서토론은 나와 함께 일하는 직원들이 내가 보는 목표와 방향을 정확히 알고 같이 가기 위한 나의 플랜이었다. 직원들을 성공한 오너로 키우기 위해서, 각자의 생각과 아이디어를 꺼내는 더할 나위 없이 좋은 방법이 아닐 수 없었다.

특기를 이용한 고객 마케팅

직원들은 각자의 특기가 있다. 사진을 찍는 것에 큰 관심을 갖고 있는 직원이 있었다. 직원의 SNS 사진을 보면 앵글 각도나 색감이 아주 뛰어났다. 카메라에 담는 사진이 멋

있고 감성이 넘쳐흘렀다. 그 재능이 아까워서 매장에 포토슈팅 공간을 마련해 보자고 했다. 포토슈팅은 일본에서 미용실 문화로 자리 잡고 있지만 우리나라에서는 아직 생소했다. 때마침 우리나라에서도 일본 문화를 따라하려는 움직임이 보이기 시작할 때였다.

우리 매장은 공간이 넓다 보니 쉽게 공간이 확보되어 카메라와 포토슈팅 장비를 구입했다. 직원도 사진 찍는 것을 너무 좋아했고 슈팅 장비를 테스트하기로 했다. 처음이라 테스트 겸 전 직원 프로필 사진을 찍기로 했다. 정말 신기했다. 사진관에서나 찍을 법한 사진이 나온 것이다.

이제부터 고객들의 스타일을 마무리하고 동의 얻어서 매장 포트폴리오를 만들자고 했다. 모두들 찬성이었다. 스타일 하나가 완성되고 포토라인에 서면 고객들은 즐겁게 우리가 원하는 포즈를 취해 주었다. 요즘은 셀카를 많이 찍다 보니 카메라에 대한 두려움이 없다. 고객들은 자신들이 모델이 된 듯 진지하게 포즈를 취해 주었다. 고객들의 사진은 메일로 보내달라고 하면 보내주기도 하고 매장 블로그에 올려서 SNS마케팅 하기도 했다.

카메라의 기능 중에 아웃포커싱이 잘 되니까 커트선이나 스타일링 표현이 잘 되었다. 우리 매장은 포토슈팅 장비를 설치한 유일한 미용실이었다. 업계에 소문이 나자 원장들은 매장을 방문해서 구경하기 시작했다.

이처럼 업계에서 한발 앞서서 새로운 매장 문화를 선도하고, 직원들의 자부심 또한 높였다. 이는 직원과 함께 같이 성장하는 미용실로 만들려는 나의 노력이 헛되지 않았다는 증거였다.

때론 오해를 사기도 한다. 직원을 위한 투자가 자칫 오너의 이기심 때문이라는 오해도 할 수 있다. 오너들은 그렇지 않다. 직원의 성공이 매장의 성공이란 것을 알기 때문에 개인의 특기로 살려 자신감을 주면 그것으로 충분하다.

직원과 오너 사이의 이심전심

미용이라는 직업은 대부분 여성들이 많이 종사하고 있지만 남성들도 꽤 많은 비중을 차지하고 있다. 나는 여자 직원보다 남자 직원이 더 꼼꼼한 것에 놀란 적이 있다.

매장을 오픈하면 매장 제품에 대해 재고 파악을 할 수 있게 프로그램이 만들어져 있어야 한다. 나는 워낙 털털한 성격이다 보니 꼼꼼하진 못하다. 이런 내 성격을 알아차리고 점장이 나도 모르는 사이 재고 파악할 수 있는 프로그램을 정리 해놓은 것이다. 입이 딱 벌어질 정도였다. 나는 말을 잇지 못했다. 정말 놀라웠다. 나도 일일이 알 수 없는 것까지 숫자 하나 틀리지 않고 정리해 놓았다. 매장에 들어온 집기류 개수부터 펌제, 컬러제, 크리닉제, 기타 소모품까지 모두 정리가 되어 있었고, 직원들끼리의 대화 암호까지 모두 정해 놓은 것이다.

미용실에서는 직원들끼리 대화가 따로 있다. 보통 숫자로 이야기하거나 스펠링 약자로 하거나 둘 중에 하나를 쓴다. 우리 매장은 숫자로 정했다. 예를 들면 1번은 '빨리해 주세요'인데, 1번 해주세요'라고 하면 파트너나 직원들이 알아듣고 움직임이 달라진다. 이런 식의 암호까지 모두 정리가 되어 있어서 너무 유용했다. 이처럼 원장의 성격을 알아차리고 알아서 해주는 직원이 있듯이, 여러 직원들의 성격 성향을 파악하면서 자기개발 하는 데 많은 역할을 해주는 원장들도 있다.

이렇듯 매장은 원장이 없어도 운영 가능할 정도의 시스템을 가지고 있어야 한다.

변화가 필요하다는 것을 느끼고 있지만 정작 스스로 변화하기는 쉽지 않다. 누군가 억지로라도 이끌어 주기를 원하기도 한다. 시스템이 바뀌면 문화가 바뀐다는 생각이 변화를 두렵게 만든다.

외부에서 기술교육 한 번 받으면 그 제품과 기술이 현장에 적응한다고 생각하는 직원들도 있다. 하지만 한번 정해지면 바뀌기 힘들고, 아무리 좋은 시스템이라고 해도 변화기 쉽지 않다. 오너는 한 사람의 직원이라도 허투루 생각하지 않는다. 모두가 성공할 수 있는 기반을 가질 수 있는 방법을 찾아주려고 고민한다. 각자의 특기나 성향 성격을 파악해서 그에 맞는 것을 안내하려고 애쓴다.

독서문화가 미용실 문화로 자리 잡는 데는 시간이 걸릴 수밖에 없다. 오너의 끈기와 묵직함이 미용실 문화를 만들어 갈 것이다. 직원이 원장을 신뢰하고 원장 또한 직원을 믿는 상호 관계에서 미용실 문화는 성숙해 갈 것이다.

강한 동기와 열정이 생기게 하라

사람들이 인생에서 실패하는 가장 큰 이유는
친구, 가족, 이웃들의 말을 듣기 때문이다.
나폴레온 힐

무조건 모방하라

미용업계는 불가사의한 세계인 것 같다. 스스로 터득한 노하우를 아낌없이 공개하고, 초면이라도 상대가 원하면 전부 알려준다. 나의 경쟁자가 될지도 모르는데도 말이다. 음식을 하나 전수받으려 해도 비싼 대가를 지불해야 하는데 미용업계는 독특하다. 미용업계는 어째서 노하우를 이렇게 쉽게 알려줄까? 나는 선배들의 가르침과 보살핌을 받고 단련되었기 때문에 지금의 나의 몫을 할 수 있었다. 이 길을 걸어간 수많은 미용인 선배들이 미용사라는 직업에 깊은 애정과 자부심을 갖고 있었던 덕분이었다.

기술은 모방에서 나온다. 남의 것을 그대로 할 줄 알아야 나의 것이 되고, 거기서 터득한 변형된 자기만의 스타일

연출되는 것이다. 결국은 모방이 변질된 것이 나의 스타일인 것이다. 하나라도 모방할 줄 아는 미용사가 한 계단 올라서는 것이다.

모방은 배우는 기술이다. 따라할 줄 모르는 미용인은 미용사로서 자격이 없다. 남의 것을 꾸준히 하다보면 어느새 자신도 모르는 기술을 연출할 수 있게 된다. 카운슬링도 마찬가지이다. 말을 할 줄 모르면 남이 하는 말을 그대로 따라하면 된다. 이것이 기술을 익히는 첫 단추이다.

무조건 모방하라. 커트 교육을 할 때 기본 베이직은 똑같이 따라할 수 있는 패턴화 교육이다. 같은 스타일을 똑같은 각도와 패널로 교육시킨다. 패턴화란 것은 똑같이 따라할 수 있도록 코칭하는 것이다. 이 교육이 몸에 익숙할 수 있도록 한 다음에야 자신의 창작품이 나온다. 크리에티브다. 기본이 몸에 배지 않으면 절대 창작이 나오지 않는다. 기본기는 여러 가지 창작을 할 수 있도록 도와주는 기본 베이스인 것이다. 고객과의 상담에서도 고객이 전달한 내용을 알아차리는 것도 창작된 스타일이 있어야 가능하다. 그렇지 않으면 헤맬 수밖에 없다.

배우려는 열정

원장이라면 어느 매장이든 직원들 기술교육을 항상 고민할 것이다. 원장이 직접 할 수 있으면 다행이지만 그렇지 않으면 외부 강사를 불러서라도 교육을 해야 하기 때문이다. 그래서 나는 직원들과 일정을 잡아 스터디를 하기로 마음먹었다. 내가 알고 있는 커트를 같은 미용인들과 공유하면서 직원들의 열정을 불어넣어주기 위해서 시작했다.

한창 유행하던 SNS 카카오 스토리를 이용해서 전국에 스터디 모임을 하자는 글을 올렸다. 교육장소와 인원, 조건 등을 같이 올렸다.

스터디를 하고자 하는 미용인들이 댓글로 신청을 해왔다. 우리가 늘 배워온 동양인 두상에 맞는 커트 방법을 공부하는 모임이었다. 외부 인원들도 있었지만 우리 직원들도 같이 참여했다. 스터디 장소는 우리 매장이었고, 필요한 준비물은 삼각대 스탠드와 커트도구 그리고 가발이었다.

2013년도부터 스터디가 시작되었다. 여러 미용실의 원장들과 직원들도 참석했다. 비용이 따로 들지 않았기 때문에 서울에서도 부산까지 내려와 참석했다. 한 달에 한 번 스터디하는데 서울에서 내려오는 열정이 대단한 직원들도 있었다.

이 스터디 모임이 지속되면서 미용인들 사이에 소문이 나기 시작했다. 미용인들을 위해 스터디한다는 소문이 나면서 많은 거래처들에서도 도움을 주기도 했다. 우리나라에서 제일이라는 나루토시저스 코리아 사장님께서도 가발을 싸게 구입할 수 있게 도움을 주시며 격려를 아끼지 않았다. 서울에서 커트 교육을 할 수 있는 원장들을 연결해 주셨고, 나름 유명한 강사들과도 교류할 수 있게 해주셨다.

매번 스터디는 재미있게 진행이 되었고 스터디가 끝나면 그날의 좋았던 점과 보완할 것을 이야기하면서 유익한 시간을 보냈다. 그러면서도 나는 감각이 떨어질까 봐 걱정이 되어서 도쿄를 오가면서 기술을 배우는 데 매진했다. 그 시대에 맞는 스타일을 하기 위해서는 새로운 것을 받아들이는 것도 중요했지만 배우는 것도 중요했다. 경력이 오래된 원장들을 보면 그게 참 어렵다는 것을 많이 느꼈다.

미용인들의 배우려는 열정은 누구도 막을 수 없었다. 그러자 창원, 대구 등의 미용인들로부터 스터디를 같이 할 수 있냐는 문의가 들어오기 시작했다.

원래 하던 것처럼 하면 부산에서 한 달에 한 번인데, 두 군데서 더 하게 되면 한 달에 3회로 늘어나게 된다. 그래서 대구나 창원 미용실의 원장들이 교육을 받을 수 있는 미용인들을 모집하기로 했다. 그렇게 되면 나는 한 달에 3회 매장을 비워야만 했다. 나는 미용인들의 의식이 깨어나길 바랐기 때문에 그래도 좋았다.

많은 미용인들이 틀에 박힌 스타일이 아닌 생각과 감성을 담은 스타일을 하길 원했다. 기본도 없이 무작위로 하는 기술이 아닌 조금이라도 원리를 알고 하면 고객들의 만족이 훨씬 커질 것이다. 그렇게 한 사람 한 사람 지도해가는 즐거움이 커졌다. 자신이 투자해서 배운 기술을 공유한다는 것은 쉬운 일이 아니다. 시간당 10만 원을 받는 내가, 미용인들을 이해하고 직원들을 위해서 기술을 제공한다는 것은 아무도 모를 것이다. 그저 가르쳐 주니까 배운다 하는 사람도 있을 것이다. 그렇더라도 가르쳐 주는 사람이 있으면 무조건 배웠으면 좋겠다. 그게 정답이다. 미용인들 중에는 자기 개발 하는 것에 굉장히 인색한 사람들도 있다. 그것은 경제적인 문제이기도 하지만 경제적인 것을 핑계로 자기 개발을 게을리하는 것은 자신이 인생을 뒤로 물러나게 하는 행동이다.

실수는 필수

나는 미용을 하면서 실수를 많이 해보았다. 고객의 머리카락을 틴닝 가위인 줄 알고 블런트 가위(면을 자를 수 있는 가위)로 머리를 잘라버린 것이다. 워낙 숱이 많아서 숱 정리를 하고 시작한다는 것이 그만 블런트 가위로 자른 것이다. 나는 고객 앞이라서 놀란 표정도 못 짓고 식은땀만 흘렸다. 그렇지만 다행인 것은 숱이 워낙 많고 뒤쪽 머리카락이다 보니 표시가 많이 나지 않았다. 나는 순간 너무 놀라서 그 자리에서 주저앉고 싶은 심정이었다. 나는 서둘러 마무리했다. 고객은 너무 가벼워졌다며 만족해했다. 크레임이라도 들어오면 어쩌나 노심초사했다.

미용을 하면서 한 번이라도 실수를 하지 않고 성장하는 사람은 없을 것이다. 그게 아마추어냐 프로냐의 차이겠지만 누구나 한 가지 에피소드는 있을 것이다. 사람은 실수를 통해서 성장한다. 실수하지 않고, 실패하지 않고 성장하는 사람은 없다. 그 이후 나는 가위를 들 때 자세히 확인하고 잡는 습관이 생겼다. 그때 실수하지 않았으면 더 큰 실수를 할 수도 있었을 것이다. 똑같은 실수는 있을 수 없었다. 지금까지 내가 미용하면서 한 최대의 실수였다. 생각만 해도 아찔한 순간이었다.

멀리 내다보고 직원을 고용하라

직원들은 누구나 자신이 한 매장의 책임자로 성장하길 바랄 것이다. 나는 직원들에게 약속했다. 모두에게 동일한 조건이었다. 자신의 능력을 키워서 스타 미용사가 되고, 매장에서 2년 이상 근무를 하면 매장의 책임자가 될 수 있게 해주겠다고. 한 매장의 책임자가 되려면 개인 매출을 어느 정도 해내야 가능하다.

직원 중에 재치 있고 고객과 소통을 잘하며 인기 있는 직원이 있었다. 매장의 오픈 멤버였다. 역시나 생각한 대로 매달 매출이 상승했고, 기분이 다운되는 날이면 피드백 해달라는 애교 있는 직원이었다. 나에게도 직원들에게도 마시멜로우 같은 역할을 했다.

직원들을 잘 활용 할 줄 알고, 밀고 당기기를 잘하면서 자신의 영역을 넓히는 직원이었다. 마침 다른 지점의 부원장이 퇴사를 하게 되었다. 그 직원에게 기회가 온 것이다. 자신의 매출도 꾸준히 상승을 하고 있었고, 다른 지점의 관리자가 퇴사하니 관리를 맡아보는 게 어떻겠냐고 제안을 했다. 직원은 본인이 할 수 있을지 망설였다. 나는 용기를 주었다. 지금처럼 중간 관리자로 있었던 경험을 살려서 할 수 있을 거라 용기를 주었다. 지점의 점장으로서의 역할이고 원장을 대신하는 거니까 웬만한 권한을 다 주었다. 당차고 똑부러지는 직원이라서 믿고 맡길 수 있었다. 이렇게 직원 한 명을 관리자로 성장시키는 것은 수많은 시간과 노력과 자신감이 같이 동반했을 때 이루어진다.

직원을 채용할 때 면접질문서에 자신의 생각을 적게 한다. 그것 하나만 보더라도 자신에 대한 자존감이나 직원에 대한 확신, 열정과 끈기를 알 수 있다. 면접인터뷰에서는 많은 정보를 얻을 수 있다. 단순히 돈을 벌기 위해서 일하러 온 것인지, 일을 배우러 온 것인지. 배우러 왔으면 구체적으로 어떤 업무를 가장 배우고 싶은지, 장차 자신의 미래에 관해서 어떤 계획을 가지고 있는지에 대해서. 그것을 알아야 그 직원에 대한 미래 계획을 세울 수 있다. 직원에게 맞는 동기부여를 하기 위해서는 채용 단계에서부터 꼼꼼히 살펴야 직원의 욕구를 충족시켜 줄 수 있기 때문이다.

직원에게 역할과 책임을 주어라

누군가는 성공하고 누군가는 실수할 수 있다.
하지만 이런 차이에 너무 집착하지 마라. 타인과 함께, 타인을
통해서 협력할 때야 비로소 위대한 것이 탄생한다.

생택쥐베리

미용실의 관계 구조

미용실을 처음 오픈한 원장들은 경영 수업을 받고 오픈
하는 것이 아니기 때문에 주먹구구식 경영을 할 수밖에 없다.

매장은 원장의 역할과 관리자의 역할 그리고 파트너들
각자의 역할로 운영이 된다. 원장은 직원들의 비전을 위해서
의사 결정을 하고, 미용사들은 고객의 안전과 아름다움에 중
점을 두고, 파트너들은 고객에게 안락함과 친절함을 제공해
야 한다.

간혹 실습사원 같은 원장이 있는가 하면 고객 같은 미용
사들 그리고 원장 같은 실습사원들로 구성된 곳이 의외로 많
다. 미용실 오픈할 때 재대로 경영 수업을 받지 않은 상태에
서 시작한 탓이다.

매니저의 역할은 미용사들이 원활하고 효과적으로 일을 할 수 있는 분위기와 최적의 환경을 제공해 주는 일이다. 미용사의 역할은 자신에게 배정된 고객을 효과적으로 시술하여 자신의 인기를 상승시킴으로 고객들이 다시 찾게 만드는 것이다. 자신의 역할이 부족하면 매니저가 아무리 노력해도 존재 가치가 떨어지게 된다. 서로 믿고 의지하고 자신의 업무를 충실히 한다면 고객, 미용사, 매니저 나아가 매장까지 모두 만족한 결과가 생산될 것이다.

고정 고객이 많은 미용사들은 매니저가 특별히 신경 쓰기도 한다. 그런 미용사들은 담당 스태프들이 여러 명 지원되기도 하지만, 매출이 낮거나 고객이 없는 미용사들은 혼자서 해야 하는 경우도 생긴다. 미용실 매니저는 샵 전체의 고객수와 매출을 올려야 하고, 미용사는 본인의 매출이 올려야 하니 궁극적으로 서로의 목표는 같다. 하지만 일을 하다 보면 약간의 트러블이 생기기도 한다. 매니저는 매장을 생각해야 하는 입장이다 보니, 고객 성향에 따라 순서대로 배정이 안 될 경우가 종종 있다. 분위기가 활발한 미용사에게 고객을 배정해야 하는 상황이 생길 수 있고, 차분하고 조용한 미용사에게 고객을 배정해야 할 수도 있다. 그런데 미용사 입장에서는 종종 있어서 트러블이 일어나기도 한다.

바람직한 미용사의 자세

울산에서 이사오게 된 직원을 채용한 적이 있다. 얼굴도 예쁘고 여리하게 생긴 모습이 미용사라는 직업과 너무 잘 어울렸다. 면접 때 "제일 자신 있는 기술이 있나요?"라는 질문에 당차게 "저는 드라이는 누구보다 자신 있어요."라고 대답했다. 그녀의 말에는 자신감이 넘쳤다. 나는 그녀가 일하는 모습을 상상만 해도 좋았다. 그녀가 드라이하는 모습을 빨리 보고 싶었다.

요즘은 미용기구가 대부분의 가정에 있다 보니 예전에 비해 드라이 고객이 많이 줄었지만, 특별한 날에는 드라이를 하러 방문하기 때문에 그 모습이 기대됐다.

그녀가 첫 출근을 하고, 고객을 받았다. 나이에 비해 고객을 응대하는 태도가 유연했다. 초급인데도 불구하고 전혀 초보 티가 나지 않았다. 조금만 다듬으면 귀한 보석으로 성장할 수 있겠다는 생각이 들었다. 자신이 말한 것처럼 드라이를 아주 잘했다. 고객도 프로다운 그녀의 모습과 테크닉을 마음에 들어 했다. 나와 직원들은 그녀의 드라이 솜씨에 엄지 척을 해주었다.

직원들은 그녀의 기술을 칭찬해주면서 드라이 노하우를

묻기도 했다. 서로 소통하고 공유하는 모습이 보기 좋았다. 새로운 직원과 오래 같이 일하기 위해서는 우리 매장에서 일하게 되면 좋은 이유를 아주 구체적으로 이야기할 수 있어야 한다. 같이 일함으로써 직원도 좋고, 원장도 좋은 구체적인 내용을 이야기할 수 있어야 한다. 어떻게 고객을 재방문하게 하고 그 고객을 유지하며 덩달아 어떻게 매출을 올릴 수 있는지 알려줘야 한다. 우리 매장에서는 어떤 방법으로 고객들에게 다른 미용실과는 차별화된 가치를 전달하는지 그 핵심을 알려줘야 한다. '우리 매장에서 열심히 근무하면 성공할 수 있어'가 아닌 '우리 매장의 방침을 잘 따라오면 성공할 수 있어'라는 프로세스를 제시해야 하는 것이다.

진정성이 담긴 원장의 철학과 그것을 실현하고자 하는 생각을 전달하는 것으로도 동기를 불러일으켜 오래 근무하게 할 수 있다. 성장하려는 미용사들은 자기관리에 철저하다. 출근에 지장을 주지 않고, 행동하는 절제력 또한 강하다. 직원들 간의 친화력도 뛰어나다. 그런 미용사 역할은 미용실 성공에 많은 영향을 준다. 또한 시대를 따라가는 센스 있는 미용사야말로 단골의 수를 늘리는 중요한 요소이다.

우리 매장은 직원들이 교육받아야 하는 프로세스가 있다. 원칙적으로는 기본 교육 프로세스를 이수하고 미용사가 되는 게 맞지만, 프로세스가 없는 매장에서 시간을 보낸 미용사들도 많다. 그들은 교육 프로세스를 이수하지 않고 그저 시간이 지나서 미용사가 된 것이다. 그렇기 때문에 프로세스를 이수하지 못한 사람들은 실습사원, 미용사 상관없이 교육을 같이 받을 수 있다. 웬만하면 미용사가 되기 전에 기본적인 교육은 이수하는 것이 좋다. 실습사원들과 함께 교육을 받으면, 실습사원들이 미용사를 뭐라고 생각하겠는가?

스태프가 매장에 입사를 하면 자신이 할 수 있는 영역까지 테스트를 거치고, 테스트 통과 후 다음 단계의 교육이 진행이 된다. 스태프들은 접객, 샴푸, 펌, 드라이, 컬러, 커트 순서대로 레벨 테스트를 거쳐야 한다.

컬러는 우리 매장에서 벤치마킹하는 밀본에서 1년 교육 프로세스에 따라 승급할 수 있는 기회가 제공된다. 거기에 커트교육은 본드, DDA, 존앤섹션 교육이 진행된다.

실습사원들 모두 레벨별로 교육이 들어간다. 단계별 승급을 통과해야 미용사로 데뷔하게 된다. 직원들 중 장기 근속자나 최고의 매출을 올린 미용사들은 해외연수 기회도 제공된다. 미용사들은 프리랜서이기 때문에 자신들이 스스로 자기개발을 해야 하지만 스스로 하기가 쉽지 않다. 자신의 열정과 능력이 뛰어나다고 생각하는 원장들은 직원들과 회의를 자주하고, 서로 믿음을 주며 다양한 아이디어를 제안하면 실행에 옮길 수 있도록 도와준다.

워크숍을 통한 재충전

직원들은 일만 하는 도구가 아니다. 가끔은 머리를 비우고 휴식과 함께 화합할 수 있는 기회를 마련해주면 더 많은 열정으로 고객을 맞이할 것이다.

해마다 하는 우리 매장의 중요한 스케줄 중에 하나는 1박2일 워크숍이다. 그동안 쌓였던 스트레스도 풀고 재충전을 하기 위해 우리만의 휴식을 갖는 것이다.

직원들은 서로 펜션 예약, 음식 재료 준비, 레크리에이션 준비와 렌터카 예약 등 역할을 나눠 맡는다. 어느 때보다도 열정적으로 협동하는 모습을 보면 흐뭇한 마음이 든다.

워크숍이라고 하면 술과 고기가 아니겠는가! 이날만큼은 모든 것을 다 받아준다. 원장과 직장 동료가 아닌 친구처럼 편안한 마음으로 게임도 하면서 즐긴다. 이 날은 스태프들이 상전이다. 아무것도 안 하고 먹기만 하면 된다. 매장에서 항상 미용사들에게 맞춰주고 있는 스태프들을 그날만큼은 편히 쉬게 한다. 미용사들도 고마운 마음으로 음식도 하고 고기도 굽는다. 날마다 이렇게 웃고 떠들게 해주고 싶은 마음뿐인데 어떻게 해야 우리 직원들이 행복할까? 각자의 능력이 다르다 보니 이것을 평준화시킨다는 것도 원장인 나에겐 하나의 숙제다.

우선 직원들이 의욕이 생길 수 있게 내가 알고 있는 기술을 잘 전수 해줘야 할 것이다. 자신이 가진 목표와 비전을 성취할 수 있도록. 미용의 트렌드는 빠르게 변한다. 이 시대의 흐름을 탈 수 있도록 나는 늘 새로운 것에 도전한다.

가치 있는 일을 하고 있다고 느끼게 하라

우리가 반복하는 것이 우리 자신이다.
그렇다면 탁월함은 행동이 아닌 습관인 것이다.

아리스토텔레스

바로잡을 줄 아는 용기

미용사는 자유직업이다. 자신이 노력한 결과에 따라서 자신의 연봉이 결정된다. 연예인들은 인기로 먹고산다고 해도 과언이 아니다. 인기가 있는 만큼 자신의 가치도 올라간다. 미용사들도 마찬가지이다. 고객들에게 인기가 있느냐 없느냐에 따라 가치가 달라진다.

미용사 면접을 볼 때 매장에서 원하는 스타일이 있다. 나이, 성별, 경력, 외모, 수상경력 등 매장마다 원하는 미용사가 있고 그래서 채용기준이 다 다르다.

최근 미용실에서는 구인난에 시달리고 있다. 3개월 정도 일하고 그만두는 미용사들이 많아졌다. 그나마 3개월 정도 일하는 이유는 매장에서 보장해주는 보장급여 기간이 3

개월이기 때문이다. 3개월 동안 미용사는 매장의 분위기, 매장의 문화, 근무 환경, 오너의 마인드 등이 자신에게 도움이 될지 살피고, 매장은 미용사가 얼마만큼 열정과 목표를 가지고 있는지 살필 것이다.

미용실은 미용사의 가치를 평가할 수 있는 기준이 없다. 그렇기 때문에 채용해서 일하는 모습을 봐야 그 미용사의 가치를 알 수 있다. 외모만 가지고 판단할 수도 없다. 일을 잘할 것 같은 이미지라서 채용해 보면 실망스러운 경우도 있고, 외모는 평범한데 의외로 창작이나 고객과의 소통을 잘하는 경우도 많았다.

예전에 어느 남자 고객이 했던 말이 기억난다. 미용사가 너무 예뻐도 고객이 부담스러울 수 있다고 했던 말이 가끔 떠오르곤 한다. 곰곰이 생각해보면 그럴 수 있다고 생각이 든다. 너무 예쁜 사람 앞에서 남자 고객이 말을 잘 못할 수도 있고, 매장 안으로 들어오기가 쉽지 않을 수도 있을 테니까.

얼마 전 관리자 채용을 위해서 면접을 보게 됐다. 면접 보는 날은 누가 올지 참으로 궁금하다. 전화 목소리를 듣고 그 사람의 이미지를 상상하곤 하지만 왠지 이번 면접은 예쁜 사람일 것이라 생각이 들었다.

면접 당일이 되었다. 정말 아름다운 여성이 면접을 보러

왔다. 보는 나도 기분이 좋았다. 예전에 관리자를 해봤던 경력이 있었고, 여러 매장에서 근무한 이력까지 나름 열심히 일해 온 사람이었다. 외모에서 풍기는 이미지가 프로처럼 보였다. 나는 그녀를 관리자로 채용했다. 그리고 첫 고객을 받아서 일하기 시작했다. 나는 이력서와 면접 질문서에 자신이 쓴 내용에 열정과 목표, 생각을 자세히 살펴보았다. 대부분의 내용이 그녀의 실제와 일치하지 않는 경우가 많아서 더 꼼꼼히 살펴보았다.

보름이면 미용사의 일하는 스타일이며 지금까지 어떻게 배워왔는지 한눈에 알 수 있고, 앞으로 이 사람이 얼마의 가치가 있는지 판가름이 난다. 그녀는 자기 관리가 철저하고 직업관이 뚜렷한 사람이었다. 하지만 기술적으로 아쉬운 면이 너무 많았다. 제대로 된 원장에게 배울 기회가 없었던 것이다.

미용 기술은 잘못된 습관을 바로잡기가 쉽지 않다. 경력에 비해 잘못된 빗질, 가위질 등 예쁜 외모를 실망시키는 자세가 몸에 습관처럼 남은 것이다. 자존심이 상하게 할까 봐 일일이 말을 못하고, 지나가는 말로 한 마디씩은 해주었다. 하지만 기술에도 프라이버시가 있어서 더 이상은 말하지 못하고 있었다.

그러던 어느 날, 고객님이 한 분 들어오셨다. 서울에서 놀러왔다가 커트하려고 들렀다고 했다. 나는 그 관리자에게 배당해 주었다. 빗질을 하고 커트가 시작되자 고객은 눈을 감고 손길을 느끼고 있었다. 그러다 말문을 열었다.

"선생님, 두피가 아픈데요."

"아, 죄송합니다."

그녀는 조심스럽게 다시 진행했다. 고객은 여전히 두피가 아픈지 미용사에게 충고를 건넸다.

"나는 서울에서 아주 유명한 미용실에 다니는데, 거기에서 자를 때와 다른 점이 있어요. 선생님은 빗질을 할 때 두피를 툭툭 건드리네요. 아까 샴푸할 때도 긴 손톱이 두피에 닿는 느낌이 안 좋았어요. 머리를 말릴 때도 손톱으로 두피를 건드리고요."

미용사는 얼굴이 빨개져서 연신 죄송하다고만 했다. 그동안 내가 느낀 것을 고객이 모두 이야기했다. 정말 신기했다. 나는 그녀에게 말을 할 수 있는 명분이 생겨서 어떻게든 습관을 고쳐서 다이아몬드로 거듭날 수 있도록 도와주고 싶었다.

미용사는 외모도 중요하지만 손길이 아주 중요하다. 사람은 육감으로 느끼는 동물이기 때문에 기술을 떠나서 부드러운 손길을 가지고 있어야 한다. 그래야 고객이 편안한 마음으로 머리를 맡길 수 있기 때문이다.

그녀는 고객과 나의 충고를 기꺼이 받아들였다. 경력이 많아도 자존심 다 내려놓고 잘못된 습관을 바꾸려는 노력이 대단해 보였다.

사람은 자신의 가치를 미처 알아차리지 못하고 지금 하고 있는 것이 최고인 것처럼 착각하는 경우도 많다. 착각하기 시작하면 더 이상 돈을 벌지 못한다. 누군가 자신에 대해서 지적해주고 이야기하면 받아들일 수 있는 마음에 자세가 필요하다.

자신의 가치를 깎아먹지 말 것

요즘 미용사들은 구인하기가 힘들다는 것을 알고 매장을 떠보기도 한다. 면접을 볼 때 기본적인 예의조차 갖추지 않는 사람들도 있다. 사람의 첫인상이 얼마나 중요한가! 미용하는 사람이 미용할 것이라고 상상도 할 수 없는 편안한 복장과 모자를 쓰고 화장도 안하고 면접을 보러 오는 경우가 종종 있다. 나는 이런 미용사는 매출을 잘 올린다 해도 채용하지 않는다. 기본이 안 된 사람이 매출을 잘 올릴 리도 없을

뿐더러 하나를 보면 열을 알 수 있기 때문이다. 이런 사람은 면접을 볼 때 까다롭게 질문을 한다. 정상적으로 미용사답게 면접을 보러오는 경우는 수월하게 면접을 본다. 면접 보러 온 당사자의 자세에 따라서 질문이 달라지는 것이다.

편한 복장으로 면접을 보러오면서 자신의 높은 매출을 내세우는 사람은 꼭 커트 테스트를 해본다. 그렇게 편한 복장으로 면접을 오는 자신감이라면 테스트 정도는 거뜬히 해내야 하는 것 아닌가. 하지만 대체로 그런 사람들은 레벨 테스트를 한다고 하면 꼬리를 내린다. 그냥 매장 분위기 살피러 온 사람인 것이다.

그 매장의 원장이 유명세가 별로인 것처럼 보일 때는 미용사들의 목에 힘이 들어간다. 몸짓 하나 스타일 하나에서 자신의 가치를 풍기면서 다닌다. 그래서 매장의 오너는 최고의 높이에서 내려다보며 해야 한다. 자신들보다 모르는 것이 있나 없나 간을 보는 것은 어리석은 일이다. 자신보다 경력이 훨씬 더 많고 유행의 흐름을 겪은 것이 얼마인데. 자신의 가치를 깎아 내리면서 다니는 미용사들을 보면 너무 안타깝다. 미용이라는 직업이 얼마나 대단한 직업인가? 대통령이 와서 머리를 잘라도 내 눈 아래에 있게 마련인 직업 아닌가.

미용사로서의 당신의 현재 가치는 얼마인가?

무엇이 당신의 미래 가치를 올릴 수 있다고 생각하는가? 미용사로서의 가치를 올리기 위해서는 이론만이 아닌 노력과 행동이 수반되어야 한다. 자신의 부족한 점을 개선하려는 생각이나 노력 없이는 자신의 가치를 올릴 수 없다. 자신의 가치를 올리는 것은 매장과 고객의 가치 또한 올려주는 것이다. 자기개발을 통해 자신의 가치를 충분히 발휘할 수 있고, 오너를 믿고 따를 때 미용사로서의 당신의 가치는 올라갈 것이다.

직원관리는 사람을 관리하는 것이 아니다. 직원과 고객들과의 상호작용에서 오너가 생각하는 비전과 가치에 화합해서 움직일 수 있도록 만드는 것이다. 다시 말하면 미용실에 맞는 사람을 뽑아서 최대의 성과를 낼 수 있도록 리드해나가는 것이다. 직원의 성공은 돈을 많이 버는 것일 수 있지만, 오너의 성공은 직원을 성장시키고 성과를 낼 수 있게 만드는 것이다.

원장이 솔선수범하는 모습 보이기

나의 세대의 발견 중에서
가장 위대한 것은 습관을 바꾸는 것만으로도 자신의
인생을 확 바꿀 수 있다는 사실입니다.

윌리엄 제임스

직원의 3가지 유형

미용실 조직은 '시키지 않아도 하는 사람 20%, 시켜야 하는 사람 60%, 시켜도 하지 않는 사람 20%'로 이루어져 있다.

미용으로 스타가 된 사람들도 본래 재능이 있었던 것은 아니다. 그들은 시키지 않아도 스스로 하는 20%에 속하는 사람이다. 스스로가 성장하려면 억지로라도 해야 한다. 내일이 아닌 지금부터 행동에 옮겨야 한다.

매출을 올리고 싶은 사람, 더 많은 고객의 지명을 받고 싶은 사람, 신뢰받는 미용사가 되고 싶은 사람, 스스로 성장하고 싶은 사람, 성공하고 싶은 사람, 돈을 벌고 싶은 사람은 지금부터 시작해야 한다.

미용실에 원장들 중에는 자격증은 있지만 기술이 없는

사람도 있고, 기술도 좋고 고객을 이리저리 몰고 다니는 원장들도 있다. 일명 마니아 고객들이 있는 원장들이다.

직원을 성장시켜 한 매장의 오너로 키우기 위해서는 실력이 있는 원장 밑에서 기술을 습득하는 것도 좋다. 자격증만 있는 원장이라면 경영 실력이 아주 뛰어나야 매장에서 일어날 수 있는 위기 상황에 대처해 나갈 수 있다. 실력 있는 원장들은 예약이 줄을 선다. 실제 원장들이 적게 일하면서 경영을 해야 하지만 실제로 그렇게 하기가 여의치 않다. 시키지도 않았는데 스스로 일하는 직원들이 60%면 가능할 것이다.

직원들에게 인정받는 것이 먼저

요즘은 원장이라고 늦게 출근하거나 매장을 자기 마음대로 좌지우지 하지 않는다. 시켜도 하지 않는 직원들이 있기에 원장들은 누구보다도 부지런해야 한다. 원장이라고 권위만 찾아서는 직원들이 붙어있지 않는다. 원장도 매장에 나오면 직원들의 모든 면을 살피고 눈치도 본다.

매장이 성장하려면 원장이 먼저 인정을 받을 수 있도록 직원들에게 보여줘야 한다. 고객을 응대하는 모습이든지 시술할 때의 테크닉이라든지 어느 하나라도 직원들에게 부러움을 살 정도의 실력을 갖춰야 한다.

내가 직원으로 있을 당시의 원장들은 매장에 나와서 파트너들에게 머리를 감겨 달라고 했다. 나는 그 모습이 너무 보기 싫었다. 내가 원장이 되면 절대 저렇게 되지 않겠다고 다짐을 했다. 그 시절 원장들은 공과사도 구분할 줄도 몰랐다. 자신이 차린 미용실이니까 무엇이든 자기 마음 대로였다. 그 당시 원장들의 남편들은 놀고먹는 백수 비슷했다. 미용실에 와서 어슬렁거리기도 했다. 그 시절의 나는 저 꼴을 더 보지 않기 위해서라도 빨리 기술을 배워서 원장이 되어야겠다는 마음뿐이었다.

점심때쯤 출근해서 머리 감고 화장하고, 고객 한 두 사람 맞고 나면 약속이 있다고 나간다. 그것이 원장들의 하루 일과였다. 차라리 원장이 매장에 없는 편이 더 나았다. 오히려 선생님과 일하는 게 훨씬 좋았다. 내가 스태프였던 시절에는 원장의 위치가 대단했다. 시키면 시키는 대로 말 한마디도 못 했다. 그렇게 어깨너머로 기술을 익혔다. 지금 생각하면 웃음밖에 안 나온다. 그래도 원장의 기술을 하나라도 배우려고 하루에 몇 명 안 하는 고객들의 머리를 만질 때면 눈을 뗄 수 없었다. 대충하는 것 같아도 완성된 스타일을 보면 고개가 저절로 끄덕여졌다.

지금의 원장들은 어떤가? 직원들이 많은 곳은 프리로 한다고 한다. 집중할 수 있는 시간에 일하고 예약제로 받기 때문에 정해진 출, 퇴근 시간을 정하지 않는 추세이다. 직원들이 많지 않은 미용실들은 원장이 직원들보다 빨리 출근한다. 원장도 직원의 일원이라 할 수 있다.

원장은 원장의 역할이 정해져 있다. 아침 조회를 할 경우나 신제품 교육이라든지 세미나를 하면 직원보다도 일찍 나와서 준비를 해야 한다. 매출도 직원들이 인정할 수 있을 정도로 올려야 한다. 몇 명 고객 안 하는데도 매출을 잘 올린다는 인정을 받을 수 있어야 한다. 그리고 고단가 고객을 상담해서 매출로 연결시키는 스킬도 직원들에게 보여줘야 한다. 직원들이 인정할 만한 원장의 스킬이 있을 때 직원들은 보고 따라한다.

원장이 아무리 연습하라고 말해도 직원들은 하지 않는다. 하지만 직원들에게 인정받는 원장의 말은 직원들도 따르게 되어 있다. 원장이 직접 보여줬기 때문이다.

난 23살에 미용실을 오픈했다. 빨리 한 편이었다. 그 시절 원장들이 보여준 모습이 싫어서 빨리 기술을 배우려고 노력한 결과이다. 거기에 타고난 손재주가 있었기에 가능했다.

나의 손재주만 믿고 연습을 게을리했으면 아마 23살이라는 나이에 매장을 오픈하는 것은 상상도 할 수 없었을 것이다.

지금도 나는 직원들에게 하는 말이 있다. 가발에 연습을 안 할 거면 한 번 본 것을 머리로 1000번을 반복적으로 상상하면서 연습하라고.

요즘은 정보가 넘쳐나는 시대이다. 가발도 얼마든지 살 수 있다. 그러나 대부분 노력도 안하고 연습조차 하지 않으려고 한다. 내가 배웠던 시절은 가발을 살 수 없어서 눈으로 본 것을 반복적으로 수백 번을 상상하며 연습을 했다. 다음 날이 되면 고객 없을 때도 머리로 상상하면서 연습을 한다. 꼭 가발이 아니더라도 잊어버리지 않는 연습을 하니까 고객을 상대할 때도 두려움이 없었다.

요즘은 좋은 가발들이 너무 많다. 가발에 익숙해지면 부작용이 따른다. 가발은 두피가 딱딱하게 되어 있다. 한마디로 탄력이 없다. 그러다 보니 함부로 빗질을 하던 습관으로 고객들의 머리카락을 빗기는 경우도 있다. 그래서 가발을 다루더라도 고객의 머리를 손질하는 것처럼 해야 한다. 한 번 몸에 배인 습관은 바꾸기가 쉽지 않다.

한동안 커트 교육에 집중한 적이 있다. 교육에 참석한 원장들의 연령대가 다양했다. 나이 어린 원장부터 나이가 많은 원장들까지. 나이 많은 원장들은 나이 어린 강사가 왔다고 투덜대지 않는다. 어린 사람은 어린 대로 다른 것을 배울 수 있기에 좋다고 여긴다. 그들은 지나간 낡은 기술은 버리고 새로운 기술을 받아들이려고 온다.

원장은 항상 솔선수범해야 한다. 내가 하기 싫은 일은 남에게도 시켜서는 안 된다. 누가 시켜서가 아닌, 스스로 할 수 있는 20%에 들어갈 수 있는 직원 만들기는 원장 스스로 매장을 위하고 직원을 위하는 마음이 우선했을 때 가능한 일이다.

스스로 매장에서 필요한 사람이라고
느끼게 하라

자신이 하는 일을 재미없어 하는 사람치고
성공하는 사람은 못 봤다.
-데일 카네기

나를 알려라

미용실을 운영하면서 가장 힘든 것이 직원관리이다. 직원들이 미용실에 기대하는 것들은 비전, 교육, 복지이다. 직원들은 현재 자신이 근무하고 있는 미용실에서 비전을 찾을 수 있을지 늘 불안해한다.

미용실은 직원이 성장할 수 있도록 체계적인 시스템이 갖춰야 하고, 직원은 자신의 기술과 자기 발전을 할 수 있도록 마음을 굳게 먹고 있어야 서로의 목적지에 함께 다다를 수 있다. 어느 한 쪽에 치우치지 않는 밸런스가 중요하다. 미용실에서는 직원의 성장에 힘쓰고 있는데, 직원이 준비되어 있지 않다면 둘 다 손실을 볼 수밖에 없다. 직원들이 장기적인 성과를 낼 수 있도록 시스템을 갖춰 관리한다면 그 매장에 뿌리를 내리고 오랫동안 근무할 수 있다.

직원을 채용할 때 자신을 마케팅에 활용하는 데 동의할 수 있는지 묻는 질문이 있다. 모두가 동의한다고 한다. 자신을 외부에 알리는 것에 대한 동의이다. 자신을 알리려고 하면 자신이 스타일한 포트폴리오가 많아야 하고, 자신의 명함을 다른 사람에게 전달할 수 있어야 한다. 즉, 자신감과 용기가 필요한 것이다. 막상 자신을 알리는 방법을 알려주면 실천하는 직원들도 제법 많다. 당연히 그 직원들은 고객이 지명하는 횟수가 줄 수밖에 없다. 그래서 용기와 자신감을 주기 위해 매장 밖에서 자신을 홍보하라고 하는 것이다.

홍보할 만한 기술을 갖출 것

자신을 알리기만 하고 그에 걸맞은 기술을 갖추지 않으면 부작용이 따른다.

예전에 시간만 나면 밖에 나가서 자신을 알렸던 한 미용사가 있었다. 처음엔 하루이틀 하고 말겠지 했는데 나중에는 아예 시간을 정해서 명함을 들고 나가는 열정을 보였다. 그 노력이 가상하기도 했지만, 노력에 비해 성과가 좋지 않왔다. 직원들과 나는 조금만 기다리면 고객이 몰려올 거라며 위로도 해주곤 했다.

미용실은 입소문이 빠르다. 잘한다는 소문보다 실력이 별로라는 소문이 더 빠르게 퍼진다. 그 미용사는 자신을 알리는 열정에 비해, 기술이 부족했던 것이다. 자신을 지명하는 고객이 많았다면 명함을 들고 밖으로 나가지 않았을 것이다. 그렇다 보니 아무리 명함을 뿌리고 알려도 효과가 나지 않았다.

미용실은 처음 방문하면, 방문을 하게 된 경로를 체크한다. 소개인지 네이버 검색을 하고 왔는지 확인한다.

신규 고객을 단골로 만들려면 미용실과 미용사 간의 공동의 노력이 필요하다. 매장의 상호나 위치를 보고 일부러 찾아온 고객이기 때문에 더 각별히 마음을 쓴다.

고객에게 자신을 각인시키는 방법은 많다. 가장 우선적으로 고객에게 만족스러운 헤어스타일을 해준 후, 자신만의 콘셉트 포인트, 특이한 별명이나 닉네임, 이름 등을 어필하면 된다. 이 중에 하나라도 고객이 기억해 준다면 반드시 고객은 다시 찾아온다. 특이한 닉네임과 별명, 외적인 특징을 가졌다 하더라고 실력이 가장 우선시되어야 한다는 것은 두 말하면 잔소리다.

지나친 자신감은 독

미용실은 원장, 매니저, 미용사, 스태프, 청소 도우미 등 모두 각각의 위치에서 자신의 역할에 충실해야 운영되는 곳이다. 누구 하나 없어서는 안 될 사람들이다. 여럿이 함께 일하다 보니 더러 안타까운 일이 생기기도 한다. 감정을 조금만 컨트롤 하고 그 순간을 잘 넘기면 되는 일인데, 순간 욱해서 서로에게 상처를 주는 경우가 있다.

원장들은 직원들에게 직급에 맞는 권한을 준다. 관리자는 미용사와 오너 간의 서로 보완하고 조율할 수 있는 역할을 한다. 조율하다 보면 참아야 하는 일도 생기기 마련이다. 하지만 간혹 욱해서 매장 분위기를 싸늘하게 만드는 경우도 있다.

성격도 좋고 항상 웃는 얼굴을 하면서 일하는 직원이 있었다. 일도 잘하고 고객과의 유대 관계도 좋은 직원이었다. 덩달아 매출도 상승을 하고 있는 시점이었다. 자신의 매출이 상승하고 있으니 부쩍 어깨에 힘이 들어가는 것이 보였다. 그러면서 직원들의 눈살을 찌푸리게 하는 일이 생겼다.

그 직원은 출근한 후에 화장을 하는 스타일이었다. 그것도 헐레벌떡 들어와서는 화장을 하니 보기 좋지 않았다. 조회를 하거나 갑작스런 전달사항이 있을 때마다 불참하거나 전달사항을 제대로 숙지하지 못하는 경우가 잦았다. 몇 번 주의를 줬는데도 개선이 안 되고, 직원들 분위기를 흐려 놓는 행동 때문에 서로 언성이 높아진 것이다.

내가 매장으로 들어서니 분위기는 썰렁했고 서로 눈치를 보고 있었다. 내가 들어서자 관리자의 언성이 더 커졌다. 내가 매장에 도착하기 전에 분위기를 정상으로 돌려놓지 못한 것에 대해 속이 상했던 것이다. 나는 둘 다 진정시키고 자초지종을 들었다. 서로 자기주장을 하기 바빴다. 나는 누구의 편에 설 수 없었다. 관리자는 관리자 나름대로 변명이 있고, 미용사는 자기 나름대로 합리화시키려고 했다. 그 상황은 고객들이 오는 바람에 일단락되고 말았다.

그날 저녁 미용사한테 문자가 왔다. 자신이 매장을 그만두겠다는 엄포의 문자였다. 나는 그만두는 것에 대한 명백한 이유를 알고 싶었다. 이유는 간단했다. 매장엔 불만이 없는데 직원 한 사람 때문에 그만둔다는 거였다.

나는 다음 날, 그 미용사를 불러 물었다. 자신의 잘못은 없다고 생각하는지, 앞으로 자신도 관리자가 되면 이런 일이 있을 수 있는데 그럴 땐 어떻게 할 것인지. 그녀는 아무 말도 못했다. 자신의 매출이 상승하고 있고, 지명 고객도 늘어나고 있으니 원장이 자신의 편을 들어줄 거라고 생각했던 것이다. 전형적인 기술자의 본성이 나오고 있었다. 나는 이대로 둬서는 안 되겠다 싶어 단호하게 말을 했다.

"퇴사는 매장에 비전이 없다고 느끼면 하는 것이에요. 한 사람이 자신의 잘못을 지적한다고 해서 그만두는 것은 어리석은 일이지요. 자신의 잘못된 행동을 고칠 생각을 안 한다는 것은 아주 거만한 행동입니다. 정 그만두고 싶으면 그렇게 하세요."

단호한 나의 말에 자신의 생각이 짧았다며 뉘우쳤다.

나의 입장에서는 관리자와 미용사 모두 필요하다. 선배 관리자가 자신의 잘못된 행동을 말해줬는데도 고치지 않으려는 것은 자존심을 잘못 세우는 것이다. 한참 잘돼가고 있을 때 겸손하지 못하면 동료들과의 사이가 벌어진다. 매장에서는 모든 구성원이 중요한 존재이다. 나는 누구를 두둔하고, 누구를 차별하는 일은 절대 하지 않는다. 서로의 잘 어울려 일한다면 미용실만큼 즐겁게 일할 수 있는 일터도 없을 것이다.

출근하고 싶은 매장을 만들어라

꿈을 품고 뭔가 할 수 있다면 그것을 시작하라.
새로운 일을 시작하는 용기 속에
당신의 천재성과 능력과 기적이 모두 숨어 있다.
요한 볼프강 괴테

서로를 배려하는 마음

5년 전, 매장 오픈 시간은 10시였다. 10시에 오픈하려면 파트너들은 30분 전에 출근해서 정리를 하고 미용사들은 15분 전에 출근해서 자신들의 머리 손질과 함께 오픈 준비를 한다. 이렇게 1년 반을 하다 보니 지각하는 직원들이 생기기 시작했다.

지각을 3번 하면 조퇴 1번 한 것으로 체크된다. 젊은 친구들이다 보니 퇴근 후 술 한잔하면 다음 날 지각을 하는 일이 많다. 전체 조회가 있는 날에는 한 사람 때문에 기다려야 하고 매장 업무에 차질이 생긴다. 지각을 하게 되면 매장 관리자의 눈치도 봐야 되고 직원 간의 기분이 다운되는 것도 사실이다.

당시 부원장이 출근시간을 30분 늦추자고 제안했다. 그 당시 대부분의 미용실들의 오픈 시간은 10시였다. 이르면 9시 30분에 오픈하는 곳도 있었다. 생각해 보니 오픈시간을 30분 늦추는 것도 나쁘지 않았다. 일하는 시간을 조금 줄이되 마치는 시간을 융통성 있게 조절하면 될 것 같았다.

직원들 대부분이 객지 생활을 하고 있다. 독립해서 혼자 생활하는 직원들이 대부분이다. 그러다 보니 식사가 가장 신경이 쓰인다. 가족보다 더 오랜 시간을 같이 있는 직원들이다 보니 더욱 먹는 것에 신경을 쓰게 된다.

처음에는 내가 반찬을 준비해 주면, 직원들이 매장에서 밥을 지어 먹었다. 곧잘 챙겨먹나 싶었더니 시간이 지나면서 라면을 먹는 직원들이 많아졌다. 나도 고민이 되었다. 하루 종일 서서 일하는데 라면으로 끼니를 때우는 것에 마음이 좋지 않았다. 그래서 청소 도와주시는 이모님께 부탁을 했다. 장을 봐드릴 테니 반찬만 만들어 주시고, 이모님도 함께 식사하시자고. 이모님은 흔쾌히 허락을 해주셨다. 음식솜씨가 좋으신 이모님 덕분에 직원들도 점심시간을 기다리는 눈치였다. 그렇게 식사를 해결해 주고 나니 마음이 한결 가벼워졌다.

일에 집중할 수 있는 분위기 조성

규모가 크다는 미용실은 청소해주시는 분, 식사 준비해
주시는 분들을 고용하고 있다. 10년, 20년 전엔 실습사원들
이 했었던 일이다. 예전에는 실습사원들은 출근하면 바닥 청
소부터 미용사들의 점심식사까지 준비했다. 그것뿐인가. 샴
푸부터 고객안내, 음료 서비스 그리고 수건도 빨아서 옥상에
널어야 했다. 겨울이 되면 수건 세탁은 정말 하기 싫은 일 중
에 하나였다. 그 정도로 실습사원들이 할 일이 많았었다. 실
습사원들은 미용사가 시술을 하는 데 불편함 없이 모든 준
비를 하고 있어야 했다. 요즘은 세탁업체에 수건세탁을 맡겨
수고를 덜어주고 있다. 그만큼 직원들이 기술에 집중할 수
있도록 배려해주고 있다.

다른 매장들에서 직원이 마시는 음료도 개인이 준비하
는 경우도 있다. 주스 한 잔을 마시면 매니저가 일일이 체크
를 해놓고 월마다 정산을 한다. 점심식사 때에는 맛있는 반
찬의 경우 많이 먹고 싶은 사람에게 추가의 비용을 받는 매
장도 있다고 들었다. 너무 야박하게 느껴질 수 있다. 하지만
매장 입장에서 이해되는 부분도 없지 않아 있다. 매장마다
각각의 룰이 있을 테니까. 규모가 커질수록 각각의 직원들에

게 맞춰줄 수 없다 보니 그럴 거라 생각된다. 매장의 제품이나 음료 등은 고객들에게 서비스하기 위해 준비된 것이기 때문에 직원들에게 비용을 받는 것이 무리는 아닐 수 있다. 나는 이렇게까지 엄격하게 룰을 정해 보지 않았지만 그 입장이 이해가 되긴 한다.

우리 매장에서는 직원들의 건강이나 기술 향상, 자기개발을 할 수 있도록 배려한다. 출근 시간도 다른 업종에 비하면 여유로운 편이다. 스스로 조금 더 노력하고, 자신을 개발하면 충분히 매력적인 직장생활을 할 수 있다고 자부한다. 오늘은 어떤 고객을 멋지게 만들어줄까 설레면서 출근을 한다면 그 하루는 분명 더욱 발전된 내일을 선물해줄 것이다.

4장
신규고객을
충성고객으로
만드는 기술

고객이 납득할 수 있도록 아
주 쉽게 설명하라. 진정성을
느끼게 하고, 정성을 다해라.
나의 가족이나 애인처럼 대하
라. 그러면 고객은 외면하지
않는다.

진심을 넘어 고객의 마음을 감동시켜라

훌륭한 서비스를 제공하는 사람은
엄청난 대가를 얻을 것이다.

엘버트 하버드

작지만 차별화된 서비스 개발

시대가 변화하면서 고객 만족을 넘어서 고객 감동의 시
대가 되었다. 삶의 질이 높아지면서 고객 서비스의 대한 기
대치가 높아졌기 때문이다. 고객이 요구하는 수준의 서비스
를 제공해야 고객 감동으로 이어질 수 있다. 어떤 고객이라
도 감동시킬 수 있는 경쟁력을 갖추는 것이 미용실의 필수
조건이 되었다. 고객들은 작은 서비스라도 다른 곳에서 느끼
지 못했던 차별화된 것에 감동을 받는다.

요즘 코로나19 바이러스로 인해 자영업자들이 힘들어
하고 있다. 사람들이 밖으로 나오지 못하는 상황이다 보니
더 어려워하고 있다. 오죽하면 주문한 상품을 차에서 내리지
않고 받아 갈 수 있는 서비스가 유행을 하고 있을까. 이렇게

해서라도 고객이 찾아올 수 있게 만들어야 살아남을 수 있다니 마음이 아프다.

우리 미용실은 처음부터 예약제로 운영했던 곳이라 코로나19 바이러스의 영향을 크게 받지 않고 있지만 그래도 고객들이 머리하는 주기를 늦추는 추세이다.

시술을 하다가 고객의 머리카락이 자신의 얼굴에 튀는 경우가 많이 생긴다. 머리카락이 튀게 되면 시술을 마치고 바로 털어낸다. 하지만 고객들은 얼굴에 머리카락이 붙어 있으면 간지러워 참지 못한다. 그래서 나는 페이스 캡을 주문했다. 페이스 캡이란 커트할 때 얼굴에 머리카락이 묻지 않게 하는 비닐로 된 얼굴 가리개이다. 고객들에게 페이스 캡을 붙이고 커트를 했다. 여성 고객들은 화장한 얼굴에 머리카락이 묻지 않아서 좋아했다. 샴푸하고 나서 드라이를 할때에도 얼굴에 물이 튀지 않아서 좋다는 고객들도 많았다. 작지만 다른 미용실들과의 차별화 전략이 먹힌 것이다. 고객의 편의를 위한다면 페이스 캡은 꼭 사용해야 하고 시술하는 미용사들도 얼굴에 펌제나 염색제가 묻을까 걱정하지 않고 시술할 수 있다. 가격도 그리 비싸지 않고, 고객과 직원의 불편을 해소해 준 기특한 제품이다. 이렇게 우리 매장에서 시작된 것이 입소문이 나서 경쟁 미용실에서도 너도 나도 페이스 캡을 사용하기 시작했다. 나는 이렇게 새로운 제품을 우리 매장이 처음으로 사용한 것이 자랑스럽다. 남보다 한 발 앞서서 서비스 할 수 있다는 것과 고객에게 새로운 것을 전달 해준다는 설렘 때문에 더욱.

고객들은 휴대폰을 잠시라도 손에서 놓지 않는다. 커트 하는 동안에도 전화가 걸려오면 전화를 받기도 한다. 미용사들은 당연히 방해를 받을 수밖에 없다. 특히나 게임을 하거나 문자를 보내면 미용사가 시술에 집중을 하지 못한다. 나 역시 시술하는데 전화나 카톡을 주고받고 있는 고객들이 있으면 일에 집중을 못해서 불편할 때가 많다. 시술이 늦어지면 다음 고객에게도 피해를 주게 마련이다. 하지만 고객은 그런 것을 전혀 모른다.

나도 불편한데 직원들은 얼마나 불편할까 싶어 커트할 때 편안한 커트보를 검색했다. 마침 눈에 들어오는 커트보가 있었다. 커트보 중앙이 비닐로 만들어진 커트보였다. 나는 당장 구매해서 미용사들에게 한 장씩 나눠주었다.

고객들의 반응은 예상대로 뜨거웠다. 특히 남자고객들은 커트 중에도 문자나 게임 할 수 있어서 무척이나 만족했다. 고객과 미용사가 서로 불편함 없이 시술을 해야 만족스러운 결과를 만들어낼 수 있다.

우리 매장은 고객들의 시술가운도 여러 가지 색상으로 구분해서 사용한다. 남자고객들 가운은 회색으로 통일하고, 여자고객들은 고객 레벨별로 색상이 다르게 준비한다. 붉은색은 VIP, 블루는 단골고객, 핑크색은 신규 고객으로 나뉜다. 그렇게 해야 실습사원들도 고객별 어떤 고객이 신규고 단골이고 VIP인지 알아보기가 쉽다. 처음 방문한 고객과 오랫동안 방문해 온 고객들의 구별하기 위해서이고 VIP고객인데 신규고객인 줄 알고 응대하는 실수를 줄이기 위해서이다. 오랜 단골들은 그만큼 더 많은 혜택과 대접을 해줘야 한다는 나의 생각이다.

고객의 편리와 안락함을 위해 무언가를 개발하고 찾는다는 것, 직원들에게 불편한 점은 없는지 살피는 것은 나의 즐거움이다. 고객은 사소한 것에도 감동을 받는다. 그것에 진심이 담겨 있기만 한다면.

고객의 기분까지 알아채는 서비스 마인드

나도 다른 곳에 가면 서비스를 받는 고객이다. 아무래도 외식을 하는 경우가 많다 보니 주로 음식점에서 고객으로 서비스를 받는다. 음식점은 맛도 중요하지만 메인요리가 나오기 전에 하는 서비스를 눈여겨보는 편이다.

음식 주문을 하고 나면 밑반찬들이 나온다. 음식점의 서 버들 중 테이블에 접시를 놓을 때 탁 밀어놓는 사람들이 있 다. 고객 입장에서 느끼기엔 기분이 썩 좋지 않다.

"반찬 좀 조용히 놓을 수 없나요?"

나의 말을 듣고 나서야 조심스럽게 서빙을 한다. 이렇게 말해주는 것은 이런 행동만 아니면 다음에도 올 수 있다는 고객의 신호이다. 고객의 말을 무시하고 똑같이 행동한다면 두 번 다시 가지 않을 것이다. 고객은 한 번 기분이 상한 매 장은 두 번 다시 가지 않는다. 그래서 매장은 직원이 얼마나 친절하고 상냥한지에 따라서 음식이 맛이 조금 없더라도 다 시 방문하게 된다. 맛은 있는데 직원이 불친절하면 그것 또 한 고객을 떨어뜨리는 행동인 것이다. 고객은 그날에 컨디션 에 따라서도 기분이 좌우될 수 있다. 고객들의 안색을 캐치 할 정도의 서비스 마인드가 되어 있어야 한다.

고객과 연애하듯 상담하라

누군가를 위해서 일할 때는 진심으로 하라.
지그 지글러

상담을 통한 고객의 니즈 파악하기

신규 고객이 줄어들고 있는 요즘이다. 저출산이나 고령화 시대로 인한 것도 있지만 그만큼 미용실이 많아졌다는 말이기도 하다. 상황이 이렇다 보니 얼마 없는 신규 고객을 서로 빼앗는 것보다 현재의 고객을 사로잡는 전략을 세우는 것이 더 중요하다.

신규 고객이 방문하면 간략하게 회원가입서를 작성을 하고 시술차트에 오늘 받을 시술과 현재 모발 상태가 어떤지 등에 관한 설문지에 작성을 하게 된다. 담당미용사가 정해지면 상담을 시작한다. 나는 직원들에게 고객의 연령대나 직업, 취미, 좋아하는 스타일, 하고 싶은 스타일 등을 고려해서 상담하라고 한다. 고객들이 자신의 모발 상태를 정확히 알고 있는지 확인해보고, 알지 못할 때는 지금의 모발 상태에 대해 정확하게 인식시켜주어야 한다. 그래야 실수하지 않고 고객이 원하는 스타일을 만들 수 있고, 재방문을 유도할 수 있기 때문이다.

어느 날 남자 신규 고객이 방문했다. 매장을 한번 획 하고 둘러보더니 나를 한 번 쳐다보면서 이야기했다.

"서울에서 이사온 지 2년이 됐어요. 부산에서 잘한다는 미용실을 전부 다녀 봤는데 마음에 드는 데를 못 찾고 있네요. 그런데 주위에서 이곳을 추천해서 한번 와봤습니다."

나는 고객의 이야기를 듣고 상담을 이어나갔다. 어떤 부분이 손질이 안 되는지, 원하는 스타일이 무엇인지. 고객은 쌓인 것이 많았는지 한참을 이야기했다. 미용사들이 자신의 스타일을 잘 모르는지 아니면 본인이 까다로운지 하소연하듯이 말했다. 나는 이야기를 듣고 스타일에 대해서 감을 잡을 수 있었다. 어려운 스타일은 아니었는데 요즘 미용사들이 하기에는 무리가 있을 수 있는 스타일이었다. 모질도 뻣뻣한데다가 참머리카락과 두상의 형태가 짧게 생겼기 때문에 여러 가지 고려를 안 하고 커트하면 실수하게 되어 있는 스타일이었다.

나는 자리로 안내하고 커트하기 시작했다. 나는 보통 시술 중에 고객과 어떤 대화를 했는지 지나고 나면 기억이 잘

나질 않았다. 그만큼 시술에 집중한다. 그런데 그 고객의 말은 아직도 기억에 남는다.

"가위소리가 부드럽네요. 저는 머리를 많이 잘라 봐서 빗질이나 가위 소리만 들어도 초보인지 경력자인지 구별할 수 있어요."

"아, 감사합니다."

그때부터 내 손길 하나하나에 칭찬을 했다. 고객은 시술을 많이 받아봤기 때문에 손길 하나하나를 느낄 수 있는 것이다.

"내가 원하던 것이 바로 이거였어요."

고객은 너무나 만족스러워했다.

미용사들마다 커트하는 테크닉이 다르다. 내가 하는 커트 테크닉은 일반 미용사가 세 번 정도 잘라야 하는 기술이다. 나는 그것을 한 번에 자를 수 있는 테크닉을 사용하고 있다. 이 기술은 가르쳐 준다고 할 수 있는 것은 아니다. 감각도 중요하고 타고난 솜씨 또한 갖춰야 한다. 고객은 베테랑을 원했는데 그런 미용사를 여태 못 만난 것이었다. 미용사마다 고객에 맞는 테크닉을 할 수도 있고 못 할 수도 있는데, 기술을 떠나서 지금까지 이 고객이 만난 미용사들은 자신에게 맞지 않았던 것이다. 나는 이 고객을 상담할 때 친구처럼 들어준 것 말고는 특별히 다른 서비스를 한 것은 없었다. 그저 나의 테크닉과 그가 원하는 스타일이 맞았던 것일 뿐. 그런데도 고객은 무척 마음에 든다고 칭찬을 해주셨다.

외모뿐만이 아닌 마음까지 바꿔주는 상담

상담하다 보면 다양한 연령대의 고객들을 만날 수 있다. 최근에는 고령의 고객들이 꽤 늘었다. 일선에서 물러난 연령층의 고객들이 자신이 너무 뒤쳐져 있다고 느끼거나 이제는 쓸모없다는 하소연을 하곤 한다. 이런 경우, 나는 고객들에게 그동안의 노고에 대한 인정과 지금도 멋지시다는 칭찬과 여전히 새로운 도전을 할 수 있다는 용기를 북돋운다.

고령의 고객이 몇 번을 망설이다가 매장에 방문했다. 매장의 외관이 고급스러워서 비용이 비싸겠다 싶어서 몇 번을 망설였다며 상담만이라도 해보겠다고 했다.

고객의 고민은 머리카락에 윤기가 없고 푸석거리며 엉키는 것이었다. 나는 차근차근 설명했다. 흰머리 염색과 펌을 주기적으로 할 수밖에 없는 상황인데 시술하는 미용사가 약간의 오류가 있었던 것 같다고. 어떤 식을 시술을 하면 예전의 스타일을 연출할 수 있는지 말했다.

"가격이 비싸긴 하네."

고객은 높은 가격이 마음에 걸렸지만 예전의 스타일을 찾기 위해서 일단 케어를 받아보기로 결심했다. 고객에게 알아듣기 쉽게 설명할 수 있는 것은 오래된 경험과 모발에 대한 지식과 스타일에 대한 지식이 많기 때문이다. 나이가 적든 많든 상담할 때 고객이 이해하기 쉽게 설명해 주는 것이 중요하다. 이렇게 쉽게 설명하고 시술해주면 절대 다른 미용실로 갈 수 없다.

나는 처음 온 고객을 담당할 때마다 하는 말이 있다.

"안녕하세요. 저는 김동하 미용사입니다. 어떤 스타일을 원하시는지, 손질하실 때 어떤 부분이 제일 불편하신지 알려주시면 최선을 다해 해결해 드리겠습니다."

이런 말은 고객의 스타일이 파악했기 때문에 할 수 있는 말이다. 내가 봤을 때 스타일이 고객과 어울리지 않기 때문에 하는 말이다. 대부분 가르마가 잘못돼서 손질이 안 되거나, 가마의 방향이나 모질을 잘못 파악해 펌이 잘못돼서 손질이 안 되는 경우 등이다. 미용사들이 별것 아닌데 아주 사소한 부분을 상담에서 놓치는 경우가 있다. 남자 고객의 머리를 커트하는 시간은 나의 경우 보통 10분 정도 걸린다. 그런데 고객을 이해시키는 데 걸리는 시간 역시 10분 정도이다.

많은 미용사들이 상담을 제대로 하지 않고 고객의 머리를 시술하다 보니 세련된 고객을 촌스럽게 만들거나 어울리지 않는 스타일을 만드는 경우가 많다.

고객과 상담할 때는 친근하고 낮은 자세로 하되, 생각은 고객의 수준보다 높이 있는 것이 바람직하다.

품격 있는 서비스를 하라

고객을 만족시켜라,
처음에도 맨 나중에도 그리고 항상.
루치아노 베네통

좋은 머릿결이 품격 있는 인상을 만든다

나는 미용사라는 직업을 갖고 있어서인지 사람들의 헤어스타일을 제일 먼저 본다. 얼굴과 헤어스타일이 잘 어울리는지를 관찰하고 그들에 맞는 스타일을 상상하게 된다. 얼굴은 품위 있는데 헤어스타일이 촌스럽거나, 얼굴은 그닥 예쁘지 않은데 헤어스타일이 멋스러운 경우는 더 주의 깊게 보게된다. 머릿결에 윤기가 나면 사람 자체가 고급스러워 보인다. 하지만 피부는 예쁜데 머릿결이 엉망이면 그것처럼 보기싫은 게 없다.

나이가 들었는데 머릿결이 좋은 사람들은 그만큼 자신에게 많은 정성을 들인다는 것이다. 사람은 나이 들수록 모발 관리가 힘들다. 젊은 사람들에 비해 두 배의 노력이 필요하기 때문이다. 그래서 평상시 관리가 중요하다. 호르몬 변화와 스트레스로 인해 피부나 모발 관리가 힘들어진다. 피부는 그나마 빨리 회복이 되지만 머릿결은 정성을 많이 쏟지 않으면 좀처럼 돌이키기 힘들다.

헤어는 사람의 인상에서 70%를 차지하는 아주 중요한 부분이다. 나는 중년의 고객들에게 머릿결 관리에 대해서 강조한다. 한 번 손상시키면 회복하는 데 시간이 오래 걸리니 신경 써야 한다고 말하면 고객들은 의례 싸고 좋은 제품이 없냐고 묻는다.

나는 미용실의 퀄리티와 미용사의 가치를 올려줄 수 있는 제품을 까다롭게 선정해서 쓰고 있다. 살롱에 맞는 독특한 제품을 다른 미용실보다 한발 앞서서 사용한다. 유명한 미용실들에서도 쓸 수 없는 품격 있는 제품들을 나는 제일 먼저 사용해왔다. 이 제품을 사용하면 고객들의 머리 손질이 아주 쉬워진다. 모발이 건강해지기 때문에 머리 손질이 쉬워질 수밖에 없다. 모발 손상이 되면 샴푸 후 잘 마르지 않는데, 이 문제까지 개선시킬 수 있다.

나는 머릿결을 손상시키지 않는 나만의 레시피를 가지고 있다. 모다발(사람의 머리카락 다발)에 실험을 하면서 직원들에게 이 비법을 알려준다. 이렇게 알려줘도 경험이 쌓이지 않으면 똑같이 따라하기가 힘들다. 이런 레시피가 있기 때문에 펌 가격을 시간당 10만 원은 받을 수밖에 없다. 우리 직원들도 퀄리티를 높여서 고단가의 시술을 할 수 있도록 만들고 싶다.

모발은 단백질로 이루어져 있다. 매일 샴푸만 해도 모발 속에 단백질은 아주 미세하게 빠져나간다. 펌이나 염색 시술할 때는 말할 것도 없다. 단백질이 빠져 나가기 때문에 보충을 해줘야 한다. 그래서 미용실에서 시술할 때 단백질을 많이 사용한다. 함량이 좋은 단백질을 써야 효과가 있다. 효과를 보는 단백질은 따로 있다. 화학 성분을 모발 속으로 침투시켜 모발을 개선시키려면 화학 성분 자체의 질이 아주 좋고 입자가 아주 미세해야 한다. 나노 입자도 미세하다고 하지만 모발 속에 들어가기에는 입자가 커서 모발 속으로 침투하기가 힘들다. 그래서 모발이 개선이 안 되는 것이다. 우리 매장은 피코 입자들로 구성된 제품을 사용한다. 이것이 다른 샵과 다른 점이다. 대부분의 매장에서 단백질 아미노산 제품을 사용하고 있지만 효과도 없고 가격도 상당히 비싸다. 피코 입자 정도는 되어야 모발 속에 침투해서 안정적으로 효과를 볼 수 있다.

침투만 시켰다고 되는 것은 아니다. 침투된 단백질을 나오지 못하게 막아줘야 모발이 개선이 된다. 콘크리트 벽을 생각해 보자. 콘크리트를 굳히려면 자갈, 모래, 시멘트, 물이 있어야 한다. 처음엔 굵은 자갈을 넣고 그 다음으로 모래를 사이사이에 들어가게 한 다음 시멘트와 물을 섞어 넣어서 굳힌다. 이 원리로 이용해서 탄 머리도 건강한 모발로 만들 수 있다. 탄 모발은 계란프라이를 하다가 계란을 태워버린 것과 같다. 태워버린 계란을 다시 프라이 된 상태로 돌려놓을 수 있는 것이 비법인 것이다. 이러한 제품을 이용해서 고객의 모발을 다시 찰랑거리게 만들어줄 수 있다.

미용사의 손맛

요즘은 블로그나 유튜브를 통해서 드라이하는 방법이나 앞머리 커트하는 방법을 쉽게 배울 수 있다. 거의 모든 정보가 공개되고 있는 세상이라 해도 과언이 아니다. 다른 미용실에서도 우리 매장에서 사용하는 제품이나 노하우를 배우려고 찾아온다. 나는 모든 것을 알려준다. 그럴 수 있는 것은 같은 제품을 사용해도 같은 결과물을 낼 수 없다는 자신감 때문이다. 미용사들마다 고객의 머리를 만지는 손길이 다르다. 사용하는 가위에 따라서도 커트의 퀄리티가 달라진다.

커트 가위는 머리카락의 단면을 매끄럽고 깨끗하게 자를 수 있는가를 잘 봐야 한다. 쇠의 강도가 높으면서도 가벼워야 한다. 지금 나는 미용사들 사이에서 최상이라고 꼽히는 가위를 사용하고 있다. 손가락, 손목, 어깨에 전혀 무리를 주지 않는다. 적은 힘으로도 잘 잘리고, 강도가 높기 때문에 모발의 단면이 아주 깨끗하게 잘린다. 이런 가위로 커트만 잘 해도 모발이 매끄러워진다. 스타일도 아주 달라 보인다.

미용사의 손맛은 디자인에서도 느낄 수 있다. 디자인은 미용사의 감성이 들어가야 세련되게 보이다. 감성은 개인마다 다르다. 어디에 포인트를 줄 것인지에 대한 생각이 각기 다르기 때문이다. 최고의 재료와 똑같은 레시피로 요리를 했을 때, 요리사들마다 각기 맛이 다른 경우와 같다고 할 수 있다.

미용사의 품격이 매장의 품격

미용사의 품격을 높여주면 매출이 상승한다. 기술자는 기술력과 체력만 있으면 일하는 데는 불편한 게 없다. 그러나 미용사는 고객과 같은 공간에서 시술을 해야 한다. 고객과 분리되어서는 어떤 시술도 할 수 없다. 미용사는 고객과 항상 대면해야 하기 때문에 높은 인격을 갖춰야 한다. 기술만큼 인품도 중요하다. 미용사는 제품을 생산하는 공장의 기술자가 아니다. 고객의 외모뿐만 아니라 마음까지도 보듬어야 하는 직업이다.

미용사와 의사는 '스승 사(師)'자를 쓴다. 그래서 선생님이라는 호칭을 사용한다. 미용사 근본은 외과 의사였다. 그래서 사장이 아니고 원장이라는 직함을 쓰는 것이다. 미용실에서 하는 일들을 작업이 아닌 시술이라고 하는 이유도 거기에 있다.

미용사는 고객이나 스태프에게 의사를 전달해야 하는 일이 많다. 그러다 보니 말을 잘하는 것도 중요하다. 독서를 하거나 스피치를 배워보는 것도 좋은 방법이다. 고객과의 대화에서도 미용사의 품격을 알 수 있기 때문이다.

소리 내서 책을 읽는 것도 좋은 방법이다. 발음도 좋아지고, 스트레스 관리에도 좋다. 시간을 쪼개서 독서와 음악 감상, 티타임을 가지면서 감정을 컨트롤하는 것도 바람직하다. 미용사가 웃을 수 있어야 고객도 웃을 수 있다.

기술자가 아닌 연기자가 돼라

미용사들은 대표적인 감정노동자이다. 심한 스트레스로 인한 우울증이나 대인기피증을 호소하는 사람들도 있고, 음주로 인한 알코올중독 증세를 보이는 사람들도 있다. 고객들 앞에서 자신의 감정을 숨기고 일을 한다는 것은 쉬운 일이 아니다. 제품이나 기술로 고객을 감동시키는 것은 갈수록 힘들어지고 있다. 차별화되고 전문적인 서비스를 찾다 보니 스트레스는 더 커져만 간다. 이런 스트레스를 극복하기 위해서는 감정을 자유롭게 다스릴 수 있는 연기자가 되어야 한다.

고객과 자신의 감정을 분리한 상태에서 자신의 능력을 보여 줘야 한다. 그러면서 부드러운 미소와 따뜻한 마음으로 고객을 대면하면 된다. 고객마다 다 좋고 예쁠 수는 없다. 솔직한 미용사들은 자신의 감정을 그대로 드러내기도 한다. 이런 경우는 경력이 오래되었거나 고객을 컨트롤 할 수 있는 내공을 가진 미용사의 경우이다.

최대한 이성적으로 고객을 대하되, 자신의 감정을 솔직하게 드러내야 하는 상황이 오면 고객이 인정할 수 있는 정도까지만 표현해야 한다. 처음에는 어려울지 몰라도 익숙해지고 나면 스트레스를 많이 받지 않으면서 일할 수 있게 된다.

고객이 찾아오게 하는 기술

사소한 반대를 두려워하지 마라.
성공이라는 종이연은 역풍을 받으며 솟아오른다는
사실을 상기하라.
나폴레온 힐

온라인 마케팅

문명이 발전하면서 개인들의 생활도 많은 변화가 찾아왔다. 대가족 시대에서 핵가족 시대를 지나 1인 가구 시대가 되어가고 있다. 삶의 질이 높아지고 물질이 풍부해지면서 개인이 소지하는 물건들도 다양해졌다. 그중에 빼놓을 수 없는 전자제품이 컴퓨터와 스마트폰이다.

스마트폰은 이제 현대인의 삶에 없어서는 안 될 정도의 위치에 이르렀다. 전화를 거는 목적 이외에 메일을 보내거나 카페, 블로그, 인스타그램, 페이스북, 유튜브, 카카오 헤어샵, 네이버 예약까지 활용할 수 있는 범위가 매우 넓다.

미용실 역시 온라인 마케팅을 대대적으로 활용하고 있다. 미용사 개인이 블로그를 통해 홍보하기도 하고, 매장에서는 네이버 예약이나 카카오 헤어샵 등록을 통해서 고객에게 한걸음 더 다가갔다.

가장 많이 이용되는 것은 블로그 마케팅이다. 블로그는 포스팅 키워드의 경쟁이다. 어느 지역에 있는 미용실인지, 시술한 펌의 대한 단어 선정, 유행 스타일 등 키워드를 잘 선정해야 한다. 블로그 마케팅은 고객의 완성된 스타일을 카메라로 전, 후 사진을 찍어서 고객이 공감할 수 있는 글을 적어 자신과 매장의 위치를 알린다.

요즘 고객들은 많은 정보를 알고 있다. 내용을 알릴 때는 아주 디테일하게 써야 하고, 어떤 방법을 이용한 스타일인지 정확하게 적어야 한다. 거기다 고객들이 공감할 수 있는 글을 붙여야 고객들이 매장과 미용사를 찾아오게 된다.

다음으로 많이 이용되는 것은 페이스북, 인스타그램, 핀터레스트 등이다. 핀터레스트는 이미지 공유 플랫폼인데 외국인 사용자가 많고 아직도 모르는 사람들이 대다수이다.

젊은 세대에게 있어서 SNS는 가장 접근하기 쉬운 소통의 공간이다. 그렇기 때문에 SNS를 통한 홍보를 게을리하지 않아야 한다. 매일매일 업로드 하면 더 많은 사람들에게 노출될 확률이 높아진다. SNS 홍보를 열심히 해도 성과가 없다는 것은 그만큼 메리트가 없는 것이다. 자신의 기술을 시대에 맞게 업그레이드시켜 고객이 인정할 수 있는 실력을 갖춰야 한다. 대중이 찾지 않는다는 것은 그만큼 본인의 기술에 문제가 있다는 의미다. 다른 미용사들은 흉내낼 수 없는 기술을 가져야만 고객의 선택을 받을 수 있다.

나의 첫 블로그 마케팅 이야기

때는 2012년도 블로그 마케팅이 붐을 이루기 시작할 쯤이었다. 나는 직원들에게 자신들만의 블로그를 개설해보기를 권유했다. 하지만 며칠이 지나도 감감무소식이었다. 나는 답답한 마음에 먼저 솔선수범하기로 하고 블로그 개설하는 법을 배웠다. 시간이 날 때마다 사진을 찍고 블로그에 포스팅하기 시작했다.

어느 날 내가 쓴 포스팅이 네이버에서 검색이 되는 것을 보고 나서야 직원들은 하나둘씩 자신의 블로그를 만들었다.

그렇게 우리 매장의 블로그 마케팅이 시작되었다. 블로그를 보고 예약 댓글을 단 신규 고객에게 20% 할인해 주는 행사를 했다. 해외에서 교육받는 내용들을 포스팅하면서 예약 고객들은 점점 더 늘어났다.

그 시기에는 라운드레이어 스타일이 유행했다. 우리 매

장은 원조 라운드레이어 스타일을 잘하는 것으로도 유명해졌다. 일반적으로 레이어커트라는 불리는데 레이어커트는 오래된 스타일이다. 여기에 라운드라는 단어를 덧붙이는 이유가 있다. 라운드레이어드 커트는 요즘 세대에 맞는 새로운 형태의 커트 기술이다. 머리 형태가 둥글기 때문에 머리 두상에 맞게 층을 내는 대신 가볍지도 무겁지도 않게 하는 세련된 스타일이다. 그냥 레이어 스타일과는 차원이 다르다. 고급스러운 이미지를 풍겨주기 때문에 젊은 층 사이에서 많은 인기를 끌었다.

그 이후 많은 미용실들이 우리 블로그를 보고 배워가기도 했다. 지금은 블로그에서 라운드레이어 스타일을 아주 흔하게 볼 수 있다. 그러나 들어가 보면 제대로 하는 디자인도 있고 그냥 라운드레이어라고 키워드만 넣어 놓은 블로그도 있다. 많은 블로거들이 우리 블로그를 보고 배워가기도 했지만, 나는 스터디 활동을 통해 이 기술을 전국의 미용사들에게 많이 가르치기도 했다.

스스로가 모델이 돼라

인스타그램으로 스타일을 알리고 고객 시술예약을 받기

시작한 것은 2014년 정도였다. 블로그에 올린 사진을 인스타그램이나 페이스북에 올렸다. 블로그보다는 접근성이 쉽고 올리기도 쉽다 보니 지금까지 인기를 끌고 있다.

우리 매장의 실장님은 인스타그램으로 예약을 많이 받고 있다. 특히 컬러 고객들이 많다. 자신의 헤어를 사람들이 한번쯤은 해보고 싶은 컬러로 염색해서 자주 인스타그램에 올린다. 그러면 문의가 잇따른다.

고령의 고객들도 실장님의 머리색을 궁금해한다.

"그런 염색은 많이 비싸제?"

물론 비싸다. 동양인들의 머리색은 불투명하다. 어두운 색소를 가지고 있다 보니 서양 사람들처럼 투명하고 밝은 머리색을 하고 싶어 한다. 동양인은 어둡고 붉은 색소 때문에 서양인처럼 붉은색이 돌지 않는 매트한 컬러를 선호하는 편이다.

헤어컬러는 사람의 얼굴빛을 중화할 수 있는 매력을 가지고 있다. 그래서 컬러를 정할 때는 자신의 얼굴색을 중화할 수 있는 색으로 하는 것이 이미지를 훨씬 좋게 만든다.

얼굴빛이 붉은색을 가지고 있는 사람이 붉은색의 염색을 했다고 생각해 보자. 얼굴이 더 붉어 보일 수 있다. 붉은색을 잡아주는 은은한 라임색으로 염색을 하면 붉은 톤도 잡아주고 얼굴이 화사하게 보인다.

　　미용사는 고객들의 호기심과 궁금증을 유발할 수 있는 컬러나 커트 형태를 하고 있어야 한다. 미용사 본인이 모델이 되는 것이다. 살아 움직이는 카탈로그라 생각하고 본인의 스타일을 다양하게 연출할 줄 알아야 한다.

편지 한 통이 고객의 마음을 움직이다

기쁨은 사물 안에 있지 않다.
그것은 우리 안에 있다.

리하르트 바그너

손편지 마케팅

전국에 미용실이 12만 개나 된다. 그야말로 서비스 전쟁
이다. 미용실은 단골고객을 만들기 위해 다양한 서비스를 한
다. 고객의 대부분이 여성들이다 보니 매출에 큰 영향을 주
는 것도 여성들이다. 여성들의 마음을 공략해서 한 번이라도
더 오게 만들어야 한다.

직원들의 친절함과 청결함, 인테리어는 기본이고 여성
들이 좋아할 만한 서비스를 제공하는 것이 중요하다. 미용실
에 가면 커피나 차를 한 잔씩 마시게 된다. 깐깐한 여성들은
사소한 음료 서비스까지 눈여겨본다. 차의 퀄리티와 잔의 고
급스러움으로 미용실의 이미지를 판단할 줄 안다는 것이다.

휴면 고객을 다시 매장으로 오게 하는 것은 쉬운 일이

아니다. 휴면 고객의 마음을 움직이게 하는 방법은 일대일 마케팅이 주로 쓰인다. 엽서, 편지, 카드, 등 우편물을 통한 광고이다. 고객과 일대일 관계를 맺는다고 해서 신세대 마케팅으로 불린다. 미용실은 백화점 같이 카탈로그를 발송하지는 못하지만 생일 엽서나 감사 손편지를 적어서 발송한다.

5월은 감사의 달이다. 부모님과 스승님들에게 감사의 마음을 전하는 달이다. 감사의 달이 되면 요즘은 키프티콘 등 스마트폰을 이용한 선물하기가 유행이지만 마음을 움직이는 데는 직접 쓴 손편지만 한 것이 없다.

5월 한 달 동안 우리 매장에서는 고객에게 감사의 손편지를 써서 보내는 행사를 했다. 자신을 찾아준 고객들에게 정성이 들어간 손글씨로 감사를 전하기로 했다. 생전 편지를 써보지 않은 직원들은 당황하는 기색이 역력했다. 예쁜 편지지와 편지봉투를 사서 각자 하루에 5명의 고객에게 보내기로 했다.

직원들은 시간이 나는 대로 틈틈이 손편지를 쓰기 시작했다. 손편지 마케팅은 고객과 직접적인 감동을 주는 장점이 있는 반면 마케팅으로 연결되는 과정까지는 시간이 걸린다. 하지만 휴면 고객의 마음을 움직이는 데는 손편지 마케팅이 제격이다. 고객이 받을 수 있는 혜택도 같이 넣어 보내면, 고객은 자신이 특별한 대접을 받고 있다는 것을 실감하게 된다. 손편지를 받은 고객이 매장을 방문해서 편지를 보낸 미용사와 마주했을 때 서로 더 가깝게 느낄 수 있는 것이다. 이렇게 감동을 받은 고객은 다른 매장으로 옮겨가지 않는다.

손편지의 감동은 오랫동안 고객의 마음에 남게 마련이다. 미용사는 매출로 자신을 인정받는다고 했다. 고객이 나를 기억할 수 있게 만들어야 하고 찾게 만들어야 한다. 감성 마케팅을 통해 고객들에게 진심 어린 편지 한 통을 보내 보는 것은 어떨까? 그동안 뜸했던 고객들도 당신의 마음을 알고 다시 찾아줄 것이다.

마음이 담긴 감사의 표현

오래전 퇴사한 실습사원이 있었다. 실습사원으로서는 나이가 있었지만 인상도 좋고 성실해서 퇴사하지 않았으면 싶었다. 이해력도 빨라서 미용사로 키우려고 열심히 커트를 가르쳤던 직원이었다. 퇴사를 말렸지만 고집을 꺾지 않았다. 미용사 승급을 앞두고 그만두는 것은 어리석은 행동이다. 힘들더라도 미용사가 되고 난 뒤에 그만둬도 늦지 않는데 성질이 급하다 보니 어쩔 수 없이 그만두었다. 나로써도 안타깝게 생각했던 직원이었다.

그만두고 3개월 정도 지났을 즈음이었는데 문자 한 통을 보내왔다. 우리 매장에서 다시 일하면서 커트 교육을 받고 싶다고. 나는 고민이 되었다. 최저임금이 인상되면서 많은 원장들이 마음고생을 하는 시점이었다. 일손은 부족하지만 다시 일을 하라고 해야 하는지 고민이 되었다. 나는 고민 끝에 문자에 답을 해줬다. 미안하다는 말과 함께 나보다 더 잘 가르쳐 주는 원장이 있을 것이니, 열심히 해서 좋은 미용사가 되라고.

그 일이 있고 얼마 후 스승의 날, 뜻밖의 선물과 메시지가 내게 배달됐다. 그 퇴사한 실습사원이 스승의 날이라고 내게 감사의 편지와 함께 선물을 보내온 것이다. 순간 당황했다. 나를 스승이라고 여겨 선물을 보내다니. 나를 스승이라고 불러주는 제자가 있었구나 하는 생각에 기쁨의 눈물이 흘렀다.

수많은 미용사들이 나의 매장을 거쳐 지나갔다. 설이나 추석이 되면 직원들에게 고향에 다녀올 떡값과 선물을 줬었다. 매출이 좋으면 더 많은 챙겨 주겠지만 현실에 맞게 섭섭하지 않게 챙겨주었다.

어느 해 명절, 떡값과 선물을 직원들에게 주고 난 다음 날이었다. 직원 한 명이 과일상자를 나에게 가지고 왔다. 입사한 지 두 달 정도밖에 되지 않은 직원이었다.

"원장님께 드리는 선물이에요. 받기만 할 수 없어서요. 맛있게 드세요."

순간 기분이 묘했다. 그 무거운 걸 들고 출근했을 직원을 생각하니 너무 고맙고 감동적이었다. 그때까지 직원이 주는 명절 선물은 받아본 적이 없었다. 떡값을 줘도, 교육을 시켜줘도 감사하다고 하는 직원들이 없었다. 원장이면 당연히 직원들에게 그렇게 해줘야 한다고 여기는 것 같았고, 나 역시 기대도 섭섭함도 없었다. 한 직원의 마음씀씀이에 가슴이 따뜻해졌다.

고객과의 선긋기, 이 정도면 딱 좋아

어느 누구도 당신의 허락 없이는
당신을 초라하게 만들지 못한다.
엘리너 루즈벨트

프로다운 감정 컨트롤

고객 응대에 대해 관심이 점점 늘어나고 있다. 특히 미용은 고객을 응대하거나 시술할 때 신체의 일부를 접촉해가면서 하기 때문에 서로의 느낌이 오고갈 수 있다. 미용사들은 규칙적으로 방문하는 고객의 경우 표정만 봐도 컨디션까지 알아차릴 수 있다.

나는 직원들에게 강조하는 몇 가지가 있다. 내가 지금까지 미용을 하면서 지켜온 나만의 철칙이기도 하다.

첫 번째, 고객과 사적인 이야기를 하지 않는다. 고객이 나이나 결혼 여부를 물어 와도 웃음으로 넘어갈 수 있어야 한다.

두 번째, 고객과 사적인 식사나 만남의 자리를 갖지 않는다. 나는 고객의 머리를 예쁘고 멋있게 해주기 위해서 일을 하고 돈을 번다. 돈을 버는 목적은 부자가 되기 위함 아니겠는가. 고객이 나에게 관심을 두거나 혹은 내가 고객에게 관심이 있다고 사적인 관계를 맺게 된다면 서로에게 상처가 될 일이 생길 수 있을뿐더러, 한 명의 소중한 고객을 잃게 된다. 적당한 선에서 고객과 미용사의 관계로 오랫동안 유지하면서 고객을 오래 볼 수 있는 게 서로에게 더 이롭다.

미용사 일을 하다 보면 고객들이 관심을 갖는 경우가 있다. 물론 오랜 단골 고객과 미용사가 결혼까지 하는 경우도 간혹 있지만, 서로 상처만 주고 끝나는 경우가 대부분이다. 고객들은 미용사가 서비스 차원에서 잘해준 것을 사적인 호감으로 오해하기도 한다. 업무적인 스트레스로 감정이 약해진 미용사 역시 고객의 호감을 프로답지 못하게 대응해서 문제가 발생하기도 한다. 고객과의 감정을 잘 컨트롤해야 한다. 괜한 오해로 슬럼프에 빠지면 결국은 본인 자신이 손해이기 때문이다.

고객과 거리를 둬야 하는 이유

매장의 여러 지점을 관리하다 보면, 원장이 상주하지 않는 매장에서는 가끔 잡음이 생긴다. 지점을 돌다 보면 분위기가 이상하다는 것을 직감한다. 벌써 실습사원들에게 보내는 사인부터 다르다. 원장이 눈치채지 못하게 하라는 무언의 신호인 것이다. 하지만 아무리 자연스럽게 한다고 해도 티가 나게 되어 있다.

고객들은 미용실의 규칙에 대해 잘 모른다. 미용실 직원이 고객과 사적인 만남을 하면 안 된다는 것을 모른다. 그래서 미용사와 사적인 관계가 있는 고객은 미용사에게 말하는 말투부터 다르다. 존칭이 사라지면서 어중간한 표현으로 미용사와 대화를 한다. 다른 직원들이 있는데 선생님이나 점장님의 호칭을 붙이지 않고 반말처럼 말이 오고간다. 이렇게 고객과의 사적인 관계를 맺으면 다른 직원들의 눈에 좋게 비칠 리가 없다. 미용사는 개인적인 감정이 있는 고객이다 보니, 자신이 해주는 시술의 가격을 제대로 받지도 못한다. 매장의 매출에까지 영향을 주는 것이다.

간혹 미용사와 사귀면 자신의 머리를 싸게 또는 공짜로 할 수 있다고 착각하는 경우도 있다. 그것을 이용하는 고객도 많이 봐왔기 때문에 이런 경우에는 경고를 주거나 퇴사 조치를 하고, 매장 이미지와 평판에 영향이 가지 않도록 조치를 취한다.

인기 있는 미용사들은 퇴근 후 고객과 저녁에 만나서 식사나 술자리를 한다는 소문이 많이 돌던 시절이 있었다. 자기 관리를 못하는 일부 미용사들의 무책임한 행동 때문에 생긴 편견이다. 다음 날 결근을 하거나 지각을 해서 직원들에게 피해를 주고, 매장 분위기를 흐리기도 했었다. 요새는 프로의식을 가진 미용사들이 많아져 많이 개선되기도 했지만, 혹시라도 그런 태도로 근무를 하고 있다면 당장 마음을 바꿔 먹어야 한다.

친절만이 능사는 아니다

미용실에서는 홈케어 제품을 취급한다. 거래처 사장님들은 제품 판매에 열을 올린다. 어느 매장의 파트너는 제품을 몇 백씩 팔아서 이익금을 얼마 받았다며 강조한다. 물론 동기부여도 되고 월급 외에 부수입이기 때문에 많이 팔면 좋은 건 맞다. 하지만 미용실은 제품 판매가 아닌 시술에 집중해야 하는 곳이다. 제품판매보다도 고객의 시술에 집중해야 한다.

고객을 만족시키고 단골로 만들면 제품은 알아서 팔리게 되어 있다. 주객이 전도되어 매장을 시장통으로 만들면 안 된다. 고객과 약간의 친분이 쌓였다고 해서 제품에 대한 지나친 광고나 판매욕은 미용사 본인의 가치를 떨어뜨린다.

고객들이 문자로 문의를 해오는 경우가 가끔 있다. 자신이 찾는 제품이 없어서 찾다 못해 문의하는 경우가 대부분이다.

어느 날 블로그를 보고 서울에서 제품문의가 들어왔다. 한 미용사가 휴대폰을 잡고 한 시간 동안 문자 상담을 하고 있는 모습을 보게 되었다. 시술고객이 있는데도 집중을 하지 못하고 있었다.

서울에서 문의가 들어왔다는 것에 미용사 입장에서는 가슴이 뛰는 일이다. 그 마음도 충분히 이해한다. 하지만 매장 입장에서는 그냥 넘길 일이 아니라 고객의 시술에 집중하라고 충고해 주었다.

사람을 상대할 때 쇼맨십이 필요할 때가 있다. 바쁜 상황인 것처럼 만들어야 할 때도 있는 것이다. 바로 답변하지 않고 시간을 두고 답변해 주는 것이 더 이익일 때도 있다. 이것은 자신의 가치를 올리는 것과도 관련이 있다.

고객이 문의를 한다고 해서 계속 휴대폰만 잡고 답변한다면, 고객은 친절하다고 생각할 수는 있지만 고객이 없는 한가한 미용사라고 여길 수도 있다. 문의해온 제품을 사용했을 때 얻을 수 있는 효과를 간단하게 이야기해주면 고객은 검색을 통해서 알아보고 판단해서 결정하게 된다. 그것도 일종의 판매전략이다. 언제나 친절만이 능사는 아니다. 미용사의 본분은 찾아온 고객을 만족시키는 데 있다. 눈앞의 고객을 두고 미지의 고객에게 시간을 쏟는 것은 현명하지 못하다.

5장
나는 행복한
미 용 사
입 니 다

나는 고객이 세련된 모습으
로 변하는 과정을 보면서 직업
에 대한 자부심과 행복을 느낀
다. 그 속에서 이만큼 성장해
온 것에 감사함을 느낀다. 미
용은 나의 인생, 나의 청춘 그
모든 것이었다.

장인이 되는 법

행복은 생각, 말, 행동이
조화를 이룰 때 찾아온다.
마하트마 간디

커트의 중요성

나는 스무 살에 미용을 배웠다. 미용사는 어릴 적 꿈이
기도 했지만, 나는 거울을 손에서 놓지 않을 정도로 꾸미는
것을 좋아했다.

당시에는 학원에서 자격증을 따서 미용실에 취업하는
것이 일반적이었다. 나는 학원과 미용실을 동시에 다니면서
자격증을 따게 되었다. 자격증을 따고 나니 결심이 확고해졌
다. 어떤 고객이든 내 손으로 가장 멋있고 예쁜 스타일을 만
들어 주겠다는 다짐을 굳혔다. 세 군데의 미용실을 옮겨 다
니면서 어깨너머로 기술을 익혔다. 그 당시에는 기술이 없이
자격증을 빌려서 운영하는 원장들도 많았다.

내가 다니던 세 군데 중 한 곳의 원장님은 기술이 아주 좋았다. 오픈 시간이 되기도 전에 고객들이 줄을 서서 기다릴 정도였다. 출근하면 앉아 있을 시간은커녕 점심 먹을 시간조차도 없었다. 그저 기술을 배운다는 생각으로 버텨 나갔다. 그 원장은 손놀림이 굉장히 빨랐다. 그 많은 고객을 상대하려면 빨라야만 했다. 원장의 속도에 맞추다 보니 저절로 동작이 빨라졌다. 그곳에서 배운 빠른 손놀림이 내 미용 일에 많은 영향을 주었다.

미용에서 커트는 핵심적인 기술이다. 커트에 따라 스타일의 결과물이 달라지기 때문이다. 짧은 스타일인 경우는 커트만으로 볼륨을 줄 수도 있고, 볼륨을 없앨 수도 있다. 질감을 잘 표현해줌으로써 세련된 스타일로도 만들 수 있을 만큼 큰 비중을 차지한다.

커트는 한 번 배운다고 금방 익혀지지 않는다. 익힌다고 잘 할 수 있는 것도 아니다. 반복적으로 몸에 익혀질 때까지 연습을 해야 자신의 기술이 되는 것이다. 가발에 수십 번 연습을 하고 나서야 고객들에게 적용할 수 있다.

아름다운 선을 만드는 커트를 배우기 위해서 수많은 미용사들이 많은 시간과 노력을 투자한다. 커트만으로 고객의 나이를 10년은 젊어 보이게 만들 수 있으므로. 고객에게 가장 잘 어울리는 디자인을 찾아 커트해 주는 것으로 미용사의 능력을 판단할 수 있다 해도 무리는 아니다.

미용계의 장인들

장인이란 한 분야에서 오랫동안 일을 해서 기술을 터득한 사람을 일컫는 말이 아니다. 자신이 가지고 있는 독특한 노하우를 후배들에게 알려줄 수 있어야 진정한 장인이다.

미용사들 중에는 성악이나 미술 건축을 전공한 사람들이 많다. 미술을 전공한 미용사들은 컬러 표현을 잘하고, 건축을 전공한 미용사들은 커트 디자인을 잘한다.

미용사들은 자기만의 주특기가 있다. 특수머리를 전문으로 하는 사람이 있고, 컬러를 이색적으로 하는 사람도 있고, 업스타일을 특색 있게 하는 사람도 있다.

타다오아라이라는 남자 헤어아티스트는 업스타일의 장인이라고 할 수 있다. 미술을 전공한 그는 매년 전국 각지에서 실기 강습은 물론이고 헤어쇼와 열기도 하고, 직접 프로듀스까지 한다.

요즘 우리나라에선 결혼식이나 특별한 행사가 아니면 업스타일을 잘 하지 않는다. 그래도 미용하는 사람들은 배워놓아야 할 분야이다. 타다오아라이는 머리 땋기, 세미 업스타일, 정통 업스타일을 아주 쉽고 섬세하게 할 수 있도록 알려준다. 나도 그의 특색 있는 스타일에 감동 받는 적이 있다.

그의 무대를 보면 마치 패션쇼를 연상케 한다. 자신만의 독특한 연출법이 있다. 자신의 손놀림을 다른 미용인들이 볼 수 있게 클로즈업해서 무대 중앙에 띄운다. 무대를 왔다 갔다 할 때도 카메라가 그의 동선을 놓치지 않고 클로즈업 해준다. 그는 자신이 완성할 업스타일을 스케치로 먼저 보여준다. 스케치와 모델의 모습이 똑같다. 미술 전공을 해서 그런지 아주 멋지게 그려낸다. 퍼포먼스 또한 예술 그 자체이다.

장인이라고 하면 커트 거장이라고 말하는 비달사순을 빼놓을 수 없다. 그는 1928년 가난한 집안에서 태어나 어머니의 권유로 14살에 미용을 하게 되었고, 2012년에 세상을 떠났다.

그는 60년대 여성들에게 커트를 유행시킨 역사적인 인물이다. 여성들은 트레이드 마크인 긴 머리에서 탈피해 편하고 실용적인 커트 머리를 선택했다.

사순은 오로지 커트만 연구했다. 대표적인 스타일은 단발머리를 뜻하는 보브스타일에 기하학적인 커트기법을 넣은 보브커트가 있다.

그는 길든 짧든 두상의 골격에 맞춰서 커트를 해야 한다고 가르쳤다. '짧은 머리는 고객의 나이를 말해주는 것이 아니라 고객의 심리 상태를 말해준다'라는 명언으로 유명하다.

사순의 제자 중에는 동양인들도 있었다. 서양인의 두상과 동양인의 두상의 골격이 다르다는 것을 깨달은 제자 중 한 사람에 의해 동양인 두상에 맞는 존컷과 파이버줌 존앤섹션 등이 만들어졌다.

요즘도 커트 기본을 배우려면 사순 다음 존컷을 배워야 한다. 사순이 탄생시킨 보브스타일은 미용인들의 이상적인 스타일이다. 보브커트을 잘하면 다른 커트는 쉽게 해낼 정도로 다양한 기법이 들어가 있다. 보브컷트는 미용사들의 기술을 평가하는 데에 유용하게 쓰이고 있다.

미용에 오래 몸담고 있는 사람이라 해도 배움을 게을리해서는 빠르게 변화하는 트렌드를 따라갈 수 없다. 공부에 투자를 해야 하고, 배운 기술을 숙련시키고 실전에 적용시킬 정도로 익혀야 자신만의 새로운 스타일이 탄생이 된다.

당신도 장인이 될 수 있다. 이렇게 배움과 노력으로 탄생한 자신만의 스타일에 자신의 이름을 붙여 후배들에게 가르치면 되는 것이다.

머지않았다. 당신이 장인이 될 날이.

나의 미용 이야기

세월은 피부를 주름지게 하지만,
열정을 포기하는 것은 영혼을 주름지게 한다.
사무엘 울만

한 길을 위한 열정

학창 시절, 두발 자율화가 1년 정도 시행된 적이 있다.

어느 날 친구가 커트를 한다기에 3명이 미용실에 따라갔다. 친구가 커트 하는 동안 나는 벽에는 붙어 있는 최신 유행하는 스타일 사진들을 유심히 보았다. 그중에 내 마음에 쏙 드는 스타일이 있었다. 그 스타일을 해보고 싶었지만 한 가지 걱정이 있었다. 내 머리카락이 직모여서 짧게 커트하면 머리가 붕 뜰 것이 분명할 거라는. 혹시나 싶어 원장에게 내 고민을 상담했다. 원장은 대수롭지 않다는 듯이 머리가 뜨면 제품을 바르면 된다고 가볍게 넘겼다. 나는 결심을 굳히고 미용실 의자에 앉았다.

"머리가 뜨지 않도록 조금 길게 커트해 주세요."

하지만 내 부탁과는 달리 머리는 숭덩 잘려나갔고, 나는 울상이 되어 버렸다. 아니나 다를까 머리는 붕 떴고, 커트를 마무리하는 원장도 감당을 못 하는 눈치였다. 제품을 바르고 드라이로 눌러 겨우 마무리를 하긴 했지만 그 머리 때문에 애로사항이 한둘이 아니었다. 그 충격으로 나는 고객들이 커트를 해 달라고 하면 고객이 원하는 길이보다 조금 더 길게 자르는 습관이 생겼다.

학창 시절 나의 꿈은 미용실 원장이었다. 세상이 아무리 발전해도 사람의 머리는 로봇이 자를 수 없다고 생각했다. 다른 것은 몰라도 미용사라는 직업은 그 무엇도 대체될 수 없다는 생각은 아직도 변함이 없다.

자격증을 따고 취직을 해서 기술을 배우는 동안 나는 너무 즐거웠다. 미용실에서 먹고 자면서 기술을 배웠고, 7만 원의 월급을 받으며 생활했지만 그 자체로 행복했다. 기술만 배울 수 있다면 무슨 일이든 즐거웠다. 그만큼 나는 미용을 전부이고 천직으로 생각하면서 기술을 배웠다.

그때는 드라이만 하기 위해 미용실을 찾는 고객들이 많았는데, 본인의 마음에 들지 않는다고 빗을 던지기도 하고 계산도 안 하고 가는 못된 고객들도 많았다. 하지만 서로를 아껴주고 보듬어줄 줄 아는 동료들 덕분에 힘들지 않았다.

나도 처음부터 쉽게 풀린 것은 아니었다. 그 당시 미용실 거래는 부동산이 아닌 재료상을 통해서 할 수 있었다. 처음 한 재료상에게 장사가 잘되는 곳이 나와 있다고 소개를 받고 인수를 하게 되었다. 하지만 고객이 많이 오지 않았다. 친구들과 가족들은 누가 봐도 장사가 안 되는 위치라며 개업을 말렸지만, 그 소리가 내 귀에 들리지 않았다.

　'나는 실력도 있고 젊으니까 충분히 할 수 있어. 친절하게 고객을 맞고, 잘 꾸려나가면 안 될 리가 없잖아.'

　하지만 모든 일이 내 마음처럼 되지 않았다. 재료상이 미용실을 빨리 넘기려고 나를 속인 것이다. 마음고생은 했지만 이것도 경험이라 생각했다.

　미용실의 계약 기간이 끝날 쯤 울산으로 이사를 가게 되었다. 가게를 내놔도 나가질 않았다. 할 수 없이 손해를 보며 미용실을 넘기고 울산으로 이사를 했다.

　울산에서 나의 두 번째 미용실을 오픈하게 되었다. 그곳은 주위에 아파트들이 있었고, 자동차 회사에 다니는 사람들이 살고 있었다. 첫 번째 미용실보다는 훨씬 장사가 잘됐다. 그렇게 나의 미용실은 기반을 다져나갔다.

내가 미용 일을 사랑하는 이유

나는 미용사라는 직업이 왜 그리 좋을까? 매장 안에 줄서 있는 거울만 봐도 가슴이 뛴다. 미용실은 나의 무대이다. 무대 위의 주인공인 내가 열정적으로 연기하는 모습이 좋다. 매장만 들어서면 나는 내가 아닌 또 다른 내가 된다. 나는 항상 깔끔한 옷차림과 밝은 웃음으로 고객을 맞는다. 직원들에게도 항상 강조한다. 미용사다운 모습, 전문가다운 모습을 항상 유지해야 한다고. 그만큼 자기관리를 철저히 하라는 의미이다.

미용사라는 일은 참 매력적인 직업이다. 커트, 펌, 드라이, 염색, 클리닉 등 다양한 품목이 있어 지루할 틈이 없다. 내가 열정을 쏟아부을 수 있는 직업이 있음에 감사하고, 건강한 몸으로 오랫동안 이 일에 몸담을 수 있어 행복하다.

나는 어느 직업 부럽지 않게 미용을 사랑한다. 나의 이익보다는 직원들의 이익 먼저 생각했고, 나의 아낌없는 투자로 직원들의 실력이 발전해나가는 것을 볼 때는 무척 보람이 있다. 직원들과 같이 해외 여러 나라를 다니면서 공부도 할 수 있었고, 여행도 다니면서 더 큰 세상을 배웠다.

미용인들 사이에서 나는 즐거운 사람으로 통한다. 나에

게 말을 하면 안 되는 게 없다고 말들을 할 정도로 나는 바로 바로 실행에 옮기는 스타일이다. 그러다 보니 중요한 행사나 기념할 일이 있으면 내가 꼭 참석해서 자리를 함께 하기를 바라는 사람들이 많다. 사람들과 어우러지고, 함께 행복을 나눌 수 있는 직업이 있다는 것만으로 나는 행복한 사람이다. 나를 행복한 사람으로 만들어 준 이 미용이라는 일을 내가 어떻게 사랑하지 않을 수 있을까.

행복하고 싶다면 지금 이 순간에 집중하라

행복은 내가 경험하는 것이 아니라,
기억하는 것이다.

오스카 레빈트

투잡의 유혹

미용사들 중에 투잡을 하는 사람들이 있다. 프리랜서들은 투잡을 하면 안 되게 되어있다. 우리 직원들 중에도 투잡을 하는 직원들이 있었다. 자신들이 하는 일에 집중하지 못하기 때문에 투잡을 못하게 한다.

한 직원이 오픈 멤버로 입사했는데, 1년이 넘도록 매출을 제대로 내지 못했다. 초급 미용사보다도 매출이 뒤떨어졌다. 경력이 10년이 넘는 미용사였는데 초급보다 못하다는 것은 이해하기 어려웠다.

어느 날, 우연찮게 그 미용사가 고객과 대화하는 것을 듣게 되었다. 시술을 받고 있는 고객에게 어느 화장품 홍보를 열심히 하고 있었다. 그제야 나는 그녀의 매출이 부진한 이유를 알 수 있었고, 실망감을 감출 수가 없었다.

나는 그동안 그 미용사가 매출을 할 수 있는 여러 가지 방법을 동원하며 이끌어 왔는데 정작 자신은 다른 곳에 신경 쓰고 있다는 것에 화가 났다.

나는 그 미용사와 면담을 했다. 알고 보니 화장품 다단계 영업을 하고 있었다. 나는 당장 둘 중에 하나를 선택하라고 했고, 다단계를 그만두겠다고 말하는 미용사에게 한 번 더 기회를 주었다. 나 역시 그녀가 왜 그런 선택을 했는지, 또 그 선택의 결과가 어떨지 충분히 알 것 같아서.

시행착오의 경험

20대 초반, 나 역시 한 번의 위기를 겪었다.

한 지인으로부터 화장품 사업을 해보자는 제안을 받았다. 사업 제안은 간단했다. 제품을 고객에게 체험해 보도록 하는 것이었다. 본격적으로 사업을 시작할 때쯤에야 그 사업이 다단계라는 것을 알았다. 처음으로 해보는 거라서 스폰서가 하라는 대로 따라했다.

우선은 내가 먼저 화장품을 써보고 고객의 반응을 보는 거였다. 화장품을 사용한 지 한 달 정도 지나니 고객들이 반응을 보였다. 내 얼굴이 맑아지고 예뻐졌다며 비결을 물어왔다. 나는 그저 화장품을 바꿨을 뿐이라며 은근슬쩍 고객들에게 써보기를 권했다.

반응은 좋았다. 그렇게 시작한 사업이 다른 사람들보다 성과가 좋아 빨리 직급을 올리게 되었다. 본격적으로 미용실보다는 화장품사업에 비중을 두고 일하기 시작했고, 그러다 보니 밖으로 나가서 일을 해야 하는 시간들이 많아졌다.

나의 팀이 성장하면서 회사에서 하는 프로모션에 도전할 기회가 왔다. 내가 회사에서 받는 수당은 나의 팀원들과 노력한 결과로 받는다. 하지만 프로모션 단계에서는 나와 팀원들의 팀워크가 아니면 도저히 할 수 없는 일이고, 혼자 하려면 많은 돈이 투자되는 구조였다. 프로모션 상품은 자동차와 미국 달라스 여행이었다.

정해진 기간이 다가오면서 느끼게 된 것은 나의 목표를 위해 남을 희생시켜야 한다는 것, 나와 팀원들에게 돈을 투자시켜야 해야 했다. 제품을 소진시키지 못하는 것을 뻔히 알고 있는데 팀원들에게 제품에 투자를 더 하라고 말하고 싶지 않았다. 스폰서가 압력을 가해오기 시작했다. 나는 단호히 포기하겠다고 했다. 나의 목표도 중요하지만 팀원들을 힘들게 하면 결국 오래가지 못한다는 것을 아는데 더 이상 피해를 주고 싶지 않았다.

1년 정도 화장품 사업을 하면서 느낀 점이 너무 많다. 그러면서 내가 하고 있던 미용 일이 나의 적성에 맞고 최고 좋은 일이라는 것을 깨닫게 되었다.

행복은 거절의 기술이라고 말한다. 무언가의 제안을 받아들이려면 내 삶의 한 부분을 희생시켜야 한다. 자신의 일을 충실히 하고 있는데 누군가가 새로운 제안을 해온다면 받는다면 아주 신중하게 고민하길 권한다. 자신이 목표를 정했고, 그것을 향해 달려가는 중이라면 제안을 거절할 줄 알아야 한다.

한 사람이 동시에 두 산의 정상에 오를 수 없다. 한 곳에 집중해야 목표를 이룰 수 있다. 투잡으로 양쪽 일이 모두 잘될 것 같으면, 이 세상에 가난한 사람이 어디 있겠는가? 자신의 목표를 정확히 정하고, 그 목표를 향해 온 열정을 쏟아부어야 목적을 이루는 행복을 느낄 수 있다.

나는 행복한 미용사입니다

사용하는 단어를 바꾸면 당신의 세상을 바꿀 수 있다.
기억해라, 삶과 죽음은 당신의 언어에 담겨 있다.

조엘 오스틴

나의 땀, 나의 눈물

"미용사로 사는 당신의 삶은 행복합니까?"

"지금도 행복하고 앞으로도 행복할 자신이 있습니까?"

누군가 나에게 물어온다면 나는 주저 없이 "네"라고 대답할 수 있다. 그 길이 온통 꽃길이었고, 그 길을 걸으며 내내 웃었다면 지금의 행복이 행복이라고 느낄 수 없었을 것이다.

30여 년 전 미용실 첫 출근하는 날, 거의 투명인간 취급을 받았던 기억이 난다. 내성적인 성격이었던 나는 사람들과 빨리 친해질 수 없었다. 첫 출근을 한 내게 아무도 관심을 보이지 않았다. 내가 먼저 물어볼 때까지 아무 일도 시키지 않았다. 쭈뼛쭈뼛하던 나는 어렵게 입을 열었다.

"뭐부터 할까요?"

그때부터 내게 할 일이 주어졌다. 아침 9시부터 저녁 9시까지, 점심시간 외에는 앉을 수가 없었다. 점심도 다른 직원들이 먹고 나면 맨 마지막으로 급하게 끼니를 때우기 일쑤였다.

초보인 내가 할 수 있는 일은 바닥 쓸기, 샴푸하기, 펌 보조 역할이 다였다. 롯드를 잘못 주었다가 선배 미용사에게 혼쭐이 난 적도 있었다. 하루 종일 서서 있다 보니 다리가 퉁퉁 붓고, 하루 종일 샴푸를 해서 손바닥은 빨갛게 달아서 화끈거렸다. 그렇게 손에 굳은살이 붙었고, 그 이후에는 아무리 독한 약품을 만져도 아무 이상 없이 견디게 되었다.

선생님들의 꾸중에 눈물을 흘리는 날도 많았다. 기술을 배울 때는 등에서 식은땀이 날 정도로 긴장을 했어야 했다. 그렇게 나는 나의 청춘을 미용일과 함께 했다.

미용사라는 직업에 관하여

가끔 미용사가 되고 싶은 고등학생들이 상담을 해온다.

"미용을 배우고 싶은데 어떻게 해야 되나요? 미용 대학에 가야 하나요?"

그러면 나의 대답은 하나다.

"대학은 안 가도 돼."

미용 대학 2년제나 4년제 졸업해도 고객의 머리를 만질 수 없다. 대학 나와 봐야 샴푸도 제대로 못해서 처음부터 다시 배워야 하는데 왜 그런 시간 낭비를 하는지 이해가 가지 않는다. 그 시간에 자격증을 따서 미용실에 취업해서 기술 배우는 것이 훨씬 도움이 된다. 차라리 대학 등록금을 모아 놨다가 기술배울 때 투자하는 편이 훨씬 이익이다.

하지만 부모들의 생각은 다르다. 남들이 다 가는 대학인데 대학졸업장은 가지고 있어야 한다는 생각을 가지고 있다. 하지만 미용실에서 스펙 아무 필요 없다. 미용은 미용에 관한 스펙만 쌓으면 된다.

요즘은 2년 만에 미용사가 되는 사람도 있다. 그만큼 빨라졌다. 자신이 하고자 하는 목표가 있으면 전문가에게 찾아가서 물어보는 편이 훨씬 도움이 된다. 괜한 시간 낭비, 돈 낭비 하지 말고 일단 실행에 옮겨야 한다. 내 인생은 내가 살아간다. 다른 누구도 대신 살아주지 않는다.

미용은 평범하지 않은 직업이다. 평범한 사람은 미용이라는 직업 세계에 빠져들 수 없다. 다른 사람의 스타일을 만들어 준다는 것은 순간에 스치는 영감을 표현해 내는 직업이기 때문이다. 그래서 끝까지 하는 사람들이 많지 않다.

미용을 조금 배웠다는 친구의 딸을 미용사로 성장시키려고 채용한 적이 있었다. 친구의 딸이라서 더 조심스러웠다. 채용하기 전 나의 생각을 충분히 전했고 수습기간을 갖고 지켜보면서 결정하기로 했다.

누구나 처음 마음은 똑같을 것이다. 자신도 목표와 계획을 세우고 각오를 단단히 하고 출근했을 것이다. 하지만 지켜볼수록 문제점이 드러났다.

미용실에서 1년을 일해 봤다는 아이가 기본이 갖춰지지 않은 것이다. 청소와 뒷정리가 전혀 되지 않았고, 오히려 일하는 동선을 흩트려 놓기만 하는 것이었다. 그렇다고 솜씨가 없는 것도 아니었다. 하지만 인내심이 부족하고 직장 생활에 기본적인 룰을 잘 모르고 동작도 너무 느렸다.

미용실은 적절한 속도와 리듬감이 있어야 한다. 그 흐름이나 리듬을 타지 못하면 다른 직원들과 호흡을 맞춰 일하기가 힘들어진다.

틈틈이 지도를 해줬지만 개선에 여지가 보이지 않았다. 지켜보는 내 자신이 힘들어지기 시작했다. 미용을 하겠다고 결심한 사람들에게 나는 묻는다.

"평생 미용을 할 마음이 있는가?"

"정말 미용이라는 직업을 사랑하는가?"

"정말 미용이 좋아서 하는가?"

"그만큼의 끈기가 있는가?"

대부분 "네"라고 대답하지만 정작 그들과 10일만 같이 일해 보면 그들이 미용을 끝까지 할 사람인지 알 수 있다.

그 아이 역시 대답은 "네"였으나 행동은 그렇지 못했다. 미용을 할 아이가 아니었다. 자신을 포장해서 사는 아이였다. 변호사가 되고 싶은데 노력은 하지 않고 도서관만 다니면서 변호사 되고 싶다는 것과 다름없다. 법 공부를 한다고 하면 남들이 다른 시선으로 봐주기 때문에 하는 척만 하는 것이다. 이런 사람은 빨리 꿈을 깨고 다른 길로 갈 수 있도록 해줘야 한다. 미용은 더더욱 그렇다. 자격증이 있다고 고객의 머리를 금방 시술할 수 있는 것도 아니고 기술을 배우려면 4년, 5년이 걸린다. 월급도 다른 직업보다도 적기 때문에 모든 면에서 인내가 필요한 직업이다.

지금까지 미용이라는 일을 하지만 아직도 나는 처음 시작할 때의 마음이다. 초심을 잃지 않으려고 긴장을 늦추지 않았다.

사람을 상대하는 일은 결코 쉽지 않다. 오늘 온 고객이 다음에 다시 올 때까지 신경이 쓰일 정도니 정신적으로 늘 긴장하지 않으면 안 된다.

나는 하루하루가 즐겁고 행복하다. 오랜만에 찾아온 고객들을 반갑게 반겨주며 일을 했고, 잠들기 전에는 내일은 어떤 고객을 만날지 설레며 잠이 든다.

오랫동안 일을 해오다 보니, 고객들의 삶을 공유하게 된다. 혼자 오던 고객이 연인과 오고, 결혼을 하고 아이를 데리고 온다. 그 아이가 커서 친구랑 같이 오는 모습을 지켜보며, 이런 게 행복이구나 뼈저리게 느낀다.

내가 매장을 옮길 때마다 그림자처럼 따라다니는 고객들에게 최선을 다해서 멋진 스타일을 만들어준다. 고객을 변신시켜주는 내 자신이 얼마나 멋지고 자랑스러운지 모른다. 그들로부터 소개를 받고 찾아온 고객들을 보면 내 자신이 대단하게 느껴진다. 나를 찾아주는 고객들 생각하면 나는 힘이 난다. 오늘도 출근준비를 하며 거울의 내게 속삭인다.

"그래, 나는 누구보다 행복한 미용사야. 오늘도 수고해."

내일의 행복한 미용사들에게

미용사는 물음표와 친해져야 합니다.
나는 왜 미용을 하는가?
나는 미용을 진정으로 좋아하는가?

미용이 나의 적성에 맞는가?

나는 미용을 즐길 줄 아는가?

오늘은 고객을 위해 철저히 준비를 했는가?

질문에 흔쾌히 "YES"을 외칠 수 있을 때야 비로소 당신은 행복한 미용사가 될 수 있습니다.

다양한 고객을 만나고, 그들의 외모를 아름답게 꾸며주는 직업. 노력의 결과를 바로바로 눈으로 확인할 수 있는 이 직업의 매력은 정말 끝이 없습니다. 그것을 알고자 노력을 하기만 한다면.

미용인은 스스로가 연예인이 될 수 있어야 합니다. 다양하고 과감한 연출을 할 수 있어야 하고, 그 어디에서도 당당한 스타 의식은 도전과 시도를 두렵지 않게 해줍니다. 위축되고 자신의 연출에 자신이 없다면 어떤 고객이 자신의 스타일을 믿고 맡길 수 있을까요?

이 당당함은 반드시 그에 걸맞는 기술을 갖추어야만 가질 수 있습니다. 기술이란 하루아침에 완성되는 게 아니지요. 땀과 눈물과 뼈를 깎는 노력이 필요한 일이라서 지치고 힘든 날이 많을 겁니다. 기술은 누군가에게 전수 받아야 할 수 있는 일이라서 좋은 스승을 만나고, 훌륭한 후배를 키울 수 있는 기회도 많습니다. 인간적인 관계의 폭을 넓힐 수도 있고, 살아가면서 소중한 누군가를 만나기도 하지요. 그러고 보면 미용은 참으로 인간적이고 따뜻한 일이 아닐 수 없습니다.

이렇게 좋은 가르침을 받고 꾸준히 연습하고 노력을 한다면 어느새 그 기술은 나만의 숙련된 손기술로 정착하게 될 겁니다. 그때부터 당신은 진정 행복한 미용사가 될 것이고, 이 길이 얼마나 감사한 일인지 알게 될 겁니다. 미용은 정말 스스로 좋아하지 않으면 할 수 없는 일임과 동시에 끈기 없이는 할 수 없는 일입니다. 굳은 의지가 있다면 그 어느 직업보다 짜릿한 보람을 안겨줄 거예요.

어딜 가나 흔히 볼 수 있는 것이 미용실입니다. 하지만 미용사라는 직업은 특수한 직업입니다. 시대의 흐름과 달라지는 유행에 맞추어 꾸준히 자기개발과 기술에 투자를 해야 합니다. 항상 프로다운 모습과 전문가라는 생각을 잊지 않았으면 합니다.

미용사는 남달라야 합니다. 뭐가 달라도 달라야 한다는 거죠. 그만큼 매력 있는 직업입니다.

새삼스레 나의 첫 출근날이 떠오릅니다. 그때는 지금의 내가 산의 정상에 서서 이제야 산에 오르기 위해 신발 끈을 조이는 후배들에게 이런 응원을 하게 될 줄 상상도 못했지요.

어서 출발하세요.

그 길이 비록 가파르더라도 충분히 오를 만한 가치가 있다고 장담합니다.

여기서, 당신을 기다리며 힘껏 응원하겠습니다.

책을 마무리하며

사색과 상상을 즐겨하던 나의 꿈은 미용실 원장이었다. 단한 번의 변심이 없이 나의 꿈은 늘 그랬다. 그러고 보면 나는꿈을 이룬 행복한 사람이다.

어릴 적 엄마를 쫄랑쫄랑 따라갔던 미용실은 어린 내 눈엔신세계였다. 허름하게 미용실을 들어섰던 사람이 세련된 모습으로 웃으며 나가는 것을 볼 때면 '미용실은 누군가에게행복을 선물하는 곳이구나' 느꼈다. 모습뿐 아니라 마음까지당당하게 만들어주는 곳. 그 마법을 선물하는 직업. 그 직업이 멋지게 보였던 것은 어찌 보면 당연한 일이었다.

내가 살던 시골마을에는 일명 '야매'로 머리를 해주던 아주머니가 있었다. 찾아가는 미용서비스인 것이다. 아주머니가 오는 날이면 나는 무척 신이 났다. 아주머니 곁에 찰싹 달라붙어 파마 로트에 쓸 고무줄을 집어주면서 파마를 어떻게마는지, 그 결과가 어떻게 나오는지 유심히 관찰하는 것은내 어린 시절의 낙이었다.

그렇게 나는 미용사의 꿈을 키웠고, 미용사로 자랐고, 지금의 내가 되었다.

　　기술을 배우는 과정은 녹록치 않았다. 세상에 쉬운 일이 어디 있으랴. 하지만 미용사가 되려면 기술을 배움과 동시에 사람을 상대해야 하는 스킬까지 갖춰야 했다. 그야말로 멀티플레이어가 되지 않고는 이 세계에서 살아남을 수 없었다.

　　힘들고 지치는 날도 많았지만, 나는 잘 알았다. 이 일이 아니면 내가 행복할 수 없다는 것을.

　　어느 날, 한 고객이 말했다.

　　"우리 아이가 공부를 너무 못해요. 미용기술이나 가르쳐야겠어요."

　　천만에 말씀이다. 그 어떤 일보다도 머리가 좋고 공부를 많이 해야 하는 일이 미용 일이다. 기술을 빠르게 습득하는 지능, 미적 감각, 꾸준히 연구하는 인내심이 있어야 가능한 일을 이렇게 쉽게 생각하는 것에 몹시 속이 상했다.

25년 전, 파마 공장이라고 불리던 곳이 있었다. 갓 미용학원을 졸업한 초보 미용사들을 채용해서 싼 가격에 파마를 해준다고 해서 붙여진 이름이었다.

지금도 비슷한 상황이 벌어지고 있다. 체계적으로 기술을 가르치고 제대로 된 인재를 키워서 합당한 대가를 받고 수준 높은 서비스를 제공해야만 미용계의 발전이 있을 수 있는데 참으로 안타까운 실정이다. 작은 미용실에서 배운 사람은 대형 미용실에서 적응을 못 하고, 가격이 저렴한 미용실에서 근무한 사람은 가격이 높은 살롱에서 절대 적응하지 못 한다. 그렇기 때문에 미용을 꿈꾸는 사람이라면 '어디서 어떻게 배워야 할까'를 진지하게 고민해서 결정해야 한다.

나 역시 직원을 채용할 때, 배우려는 의지가 얼마나 강한지 가장 우선시한다. 나뿐 아니라 미용실을 운영하는 원장의 입장이라면 누구나 그럴 것이다. 정말 실력 있는 사람으로 구성하려다 보니 파트너들의 일자리가 줄어들고 있는 것도 사실이다. 지금 미용인의 길을 걸으며 적당히 배운 기술로 시간을 때우고 그저 월급을 받겠다는 자세로 일을 할 생각이라면 당장 다른 길을 알아보라고 충고하고 싶다.

누군가 나에게 물었다.

"원장님은 왜 이 힘든 미용을 하세요?"

"계속 젊고 아름답게 살려고요."

농담처럼 말하고 웃은 적이 있지만 이 일은 나의 젊음을 유지시켜주는 원동력이다. 늘 공부하게 만들고, 뛰게 만들고 그 안에서 보람을 찾게 해서 아름답게 웃을 수 있도록 만들어주는 나의 직업. 나는 나의 이 일을 너무나 사랑한다. 그리고 이 길을 걷고자 하는 사람이 있다면 기꺼이 손을 내어주고 싶다. 이 책도 그런 취지로 가위를 놓을 때마다 한 글자씩 적어나간 나의 기록이다. 꿈을 향해 뛰는 당신을 위한 이정표이자 안내서이다.

나의 길에는 참 많은 고마운 분들이 함께했다.

미용실을 하다 보면 미용기구나 제품을 뗄 수 없다. 가위는 미용사의 생명과도 같다. 미용커트 교육의 선두주자로, 일본과 벤치마킹을 할 수 있게 도와주시고 많은 미용인에게 귀감이 되고 있는 세오뷰티인터네셔널 대표 서범 님, 좋은 퀄리티의 제품을 제공하고 많은 정보를 알려주신 싸이뮤스킨 대표 강대형 님, 이 책이 나오기까지 도움을 주신 한국책쓰기협회 대표 김태광 님께도 깊은 감사를 전한다.